에바그리우스의 기도와 묵상

## 에바그리우스의 기도와 묵상

초판 발행 : 2011년 8월 11일
개정판 발행 : 2024년 12월 16일

지은이 : 에바그리우스
옮긴이 : 김재현 전경미 이재길
펴낸이 : 손영란
편집 : 이효원 한희경 류명균
디자인 : 박송화

펴낸곳 : 키아츠
등록번호 : 제300-2004-211호
주소 : 강원 화천군 간동면 용호길 33-13
전화 : 02-766-2019
팩스 : 070-7966-0108
홈페이지 : https://smartstore.naver.com/kiats
E-mail : kiatspress@naver.com
ISBN : 979-11-6037-233-5(03230)

\* 본 출판물의 저작권은 키아츠에 있습니다.
\* 무단 전재와 복제를 금합니다.

# 에바그리우스의 기도와 묵상

에바그리우스 지음
김재현 전경미 이재길 옮김

키아츠
KIATS

# Evagrius of Pontus

Praktikos

De Oratione

Ad Monachos

# 차례

들어가는 말 / 9

프락티코스 / 33

기도 / 73

수도사들에 대한 권면 / 109

# 들어가는 말

폰투스의 에바그리우스 (Evagrius of Pontus, 345-399)
참된 지식을 얻기 위해 엄격한 프락티케를 실천한 사막의 수도사

## 에바그리우스의 생애

지금의 튀르키에의 북동부 지역에서 흑해를 접하고 있는 폰투스에서 태어난 에바그리우스(Evagrius of Pontus, 345~399)는 이집트 사막의 수도사로 생을 마친 초기기독교 영성의 대표자 중의 한 명이다. 로마제국의 기독교에 대한 박해가 끝나자 종교적 자유를 얻은 기독교는 4세기 들어 양적이고 질적으로 크게 발전했다. 한편으로 기독교 신학이 다방면에서 전례 없이 발전했고, 다른 한편으로 '사막의 선지학교'라 불린 수도사들과 수도원 영성이 골격을 갖추었다.

345년경 폰투스에서 태어난 그는 이름 앞에 지역명을 더해 폰투스의 에바그리우스라 불린다. 그는 기독교 사제였던 아버지 아래에서 비교적 유복하게 좋은 교육을 받고

자라났다. 이후 지금의 튀르키에 중심부에 해당하는 갑바도기아 지방의 신학을 대변하던 바실리우스(Basilius, 330-379)와 나지안주스의 그레고리우스(Gregorius of Nazianzus, 약 329-389)의 도움과 영향을 받으며 성장했다. 그레고리우스가 당시 로마제국의 수도인 콘스탄티노플의 주교로 있었을 때(370-381) 열린 콘스탄티노플 공의회에서 에바그리우스는 그를 돕는 부제로 일했다. 삼위일체를 해결하기 위한 굵직한 신학적 논쟁이 진행된 이 과정에서 에바그리우스는 정통 신학, 즉 325년 제1회 공의회를 통해 결정된 니케아 신학(Nicene Theology)을 대변하였다. 에바그리우스가 이후 예루살렘과 이집트에서 수도사로서의 살아가면서 오리게누스(Origenus)의 신학과 금욕주의적 실천을 깊숙하게 받아들인 것도 바로 비잔틴 기독교의 그레고리우스의 영향이 있었을 것이다.

하지만 사람들은 381년 콘스탄티노플에서 열린 화려한 종교회의나 에바그리우스의 인기보다는 수도사로서의 그의 삶에 더 많은 관심을 갖고 있다. 그것은 폰투스와 콘스탄티노플에서 활약했던 에바그리우스가 모든 것을 제쳐두고 예루살렘을 거쳐 이집트로 옮겨가 수도 생활을 하며 일생을 마치게 된 계기와 수도사로서의 그의 모습 때문이다. 그가 콘스탄티노플의 안정되고 화려한 삶을 떠난 것은 그곳에서 겪은 기혼여성과의 연애 사건이 일차적인 계기였다. 부적절한 연애 사건을 끝내고 허영과 교만의 문제로 씨름하던 그는 30대 후반이던 382년경 예루살렘으로 피신했다. 예루살렘과 인근 지역은 여러 이유로 삶과 신앙을 새롭게 하려는 사람들이 예나 지금이나 빈번하게 찾는 일종의 성지이다. 지친 몸과 마음으로 예루살렘에 머물던 에바그리우스는 올리브산에 자리한 수도원 공동체의 훌륭한 여성 수도사 멜라니아(Melania the Elder)의 도움으로 본격적인 수도사의 삶을 시작했다.

에바그리우스는 이후 당대 수많은 수도사가 몰려들던 이집트로 가서 383년부터 약 2년간 니트리아(Nitria)라는 사막에서, 이후 남은 생애 14년 어간을 니트리아보다 더 후미진 켈리아(Kellia)에서 엄격한 금욕적 수도사로 살았다. 에바그리우스는 이집트 사막의 수도공동체 개척자에 속한 두 명의 마카리우스에게서 가르침을 받았다. 한 명은 안토니우스의 제자였던 이집트 출신 마카리우스(Macarius the Egyptian)였고, 다른 한 명은 알렉산드리아 출신 마카리우스(Macarius the Alexandrian)였다.

에바그리우스의 영향력은 점차 이집트와 비잔틴 기독교의 범주를 넘어 서방기독교로 퍼졌다. 에바그리우스가 예루살렘에서 만난 티라니우스 루피누스(Tyrannius Rufinus,

345-410/411)가 그의 작품을 라틴어로 번역해 유럽에 소개했고, 지금의 루마니아 출신인 요한네스 카시아누스(Johannes Cassianus, 약 360-435)는 에바그리우스처럼 예루살렘과 이집트에서 수도생활을 했는데, 그가 프랑스 남쪽 지방에 수도공동체를 세우면서 에바그리우스의 영성이 유럽에 자리하는 매개체 역할을 했다.

에바그리우스를 비롯한 많은 천사 같은 사막의 수도사들이 금욕적인 생활의 어려움에도 복음의 원초적 가르침을 몸소, 그리고 진실하게 실천하면서 살아갔다. 동시에 에바그리우스는 당시 사막의 수도자들과 달리 눈에 띄게 많은 글을 남겼다. 그는 수도적인 삶, 영적이고 신학적인 사색, 성경에 대한 주석과 스콜리아(Scholia)라 불리는 짧은 주석, 그리고 편지 등 다양한 분야에 걸쳐 방대한 양의 글을 남겼다. 탁월한 신학적 훈련을 받은 에바그리우스는 본인이 금욕적 삶으로 직접 살아낸 수도사들의 영성을 여러 권의 지혜로운 글로 담아낸 수도원 영성의 선구자였다. 그의 글은 당대 도회지의 제도권의 신학적 작품이나 설교문과는 결을 달리하며, 영성에 대한 강력하고 진실되고 실천적인 권면을 깊이 있게 담고 있었다.

에바그리우스가 죽은 지 150여 년이 지난 553년에 열린 제2차 콘스탄티노플 공의회에서 그가 오리게누스의 신학을 따랐던 부분과 그의 저작이 갖는 수수께끼같이 난해한 내용 때문에 이단으로 정죄를 당했다. 그러면서 그가 남긴 상당량의 글, 특히 그리스어로 작성된 글과 라틴어 번역본들이 사람들의 손에서 사라졌다. 하지만 그의 주요 작품들은 시리아어를 비롯한 다른 언어로 전해 내려왔고, 20세기 들어 꾸준히 발굴되었다. 하나의 예로, 이 책에 담긴 '수도사들에 대한 권면'도 1913년에 그리스 사본이 재발견되고 출간되면서 본격적인 연구가 시작되었다.

## 중요 개념들

우리가 에바그리우스의 작품 속으로 직접 뛰어들기 전에 그의 사상이 지닌 몇 가지 중요한 개념을 살펴보는 것이 도움이 될 것이다. 더 자세한 설명과 깊이 있는 연구는 다른 학자들의 몫으로 돌리고, 제레미 드리스콜(Jeremy Driscoll)이 그의 책의 서론에서 간략하게 다룬 부분을 참조하여 몇 가지 개념을 살펴보려 한다.

### 1) 프락티케(praktike)에서 참된 지식으로(Gnosis)

에바그리우스의 사상에서 가장 중심적인 개념은 프락티케와 지식, 즉 그노시스이다. 프락티케는 수도사들에게서 가장 중요한 금욕적 실천을 의미하는데, 육체와 함께 하는 영혼의 욕망적인 부분을 정화하는 것을 가장 중요한 목적으로 삼는다. 그리고 지식은 영혼의 이성적인 부분이 삼위일체 하나님에 대한 묵상과 지식에 집중하는 것을 뜻한다.

지식이란 영혼이 그 안에서 생겨나고 지금의 형태를 지니게 된 근본적인 출발점이자, 신앙생활의 최종 목표인 거룩한 삼위일체에 대한 지식을 뜻한다. 지식은 여기서 크게 두 가지로 구분된다. 첫째로 가장 높은 단계이자 참된 지식인 삼위일체에 대한 지식 즉, 하나님에 대한 지식이다. 이 지식은 통일성 혹은 일자에 대한 지식이며, 우리가 '테오로기아'(theologia), 즉 신학이라 부르는 것은 최종적인 축복의 단계를 의미하는 삼위일체에 대한 지식을 뜻한다. 둘째로 일반적으로 그보다 못한 단계의 모든 형태의 지식이다. 좀 더 자세하게 설명하면 묵상이나 세계나 영원에 대하여 이성을 가진 육체가 다양한 형태와 측면에 따라 지니는 설명이나 지식이나 이유를 뜻한다.

프라티케로 표현되는 금욕적 실천과 참된 지식이 최종적으로 지향하는 것은 인간의 정신이 성 삼위일체에 대한 본질적인 지식으로 되돌아 가는 것이다. 우리가 '아파테이아'(apatheia), 즉 정신이 동요하지 않는 상태에 도달하면,

영혼의 이성적인 부분은 악한 생각의 방해를 받지 않고 마귀의 유혹을 극복해 참된 지식으로 향할 수 있다.

　수도사의 삶의 가장 중요한 목적을 다시 한번 정리하면, 마귀를 뜻하는 악한 생각을 잠재우는 프락티케에서 본질적인 지식보다는 낮은 단계의 다양한 지식을 통해 진보를 이루어, 궁극적으로 본질적 지식인 삼위일체에 대한 지식에 도달하는 것이다. 프락티케와 지식은 에바그리우스가 학습자와 독자로 간주한 수도사들의 삶에서 매우 중요한 두 축을 감당한다. 수도사의 삶이란 육체와 연결되어 있는 욕망과 관련된 악을 제거하고, 영혼의 이성적인 부분과 관련된 무지를 제거하고, 결과적으로 영혼 안에서 덕과 지식을 세워 가면서, 하나님에 대한 참된 지식을 추구하는 것을 뜻하기 때문이다.

## 2) 정신, 영혼, 육체 사이의 관계

에바그리우스를 이해하기 위해서는 인간을 구성하고 있는 정신과 영혼과 육체의 관계를 이해할 필요가 있다. 인간의 구성요소 중 정신(지성, 마음)은 가장 먼저 만들어진 것으로 창조 이후 인간의 영혼과 육체 안에 거하게 되었는데, 에바그리우스의 금욕적 수련에서 정신의 상태는 중요한 위치를 차지한다. 우리는 이런 정신을 두 종류로 이해할 수 있다. 정신은 원래 순수한 이성적인 존재로 창조되었는데, 그런 상태에서 정신은 하나님과 삼위일체 하나님에 대한 본질적인 지식을 가질 수 있었다. 사실 그런 상태가 수도사가 프락티케를 통해 최종적으로 도달하고자 하는 목표이다. 둘째로, 창조 이후 인간의 영혼과 육체 안에 존재하는 정신이다. 순수한 정신이 혼돈에 빠져, 즉 타락의 결과로 육체를 지닌 영혼 안에 들어와 거하게 되었다. 순수한 정신이 육체를 지닌 영혼에 거하는 것은 일종의 퇴보와 타락을 뜻하지만, 동시에 프락티케를 통해 육체 안에 거하는 영혼이 참된 정신을 찾아 나서 하나님에 대한 지식을 갖게 한다는 점에서 육체와 순수한 정신을 연결하는 매개체 역할을 동시에 한다.

다음으로 육체와 결합되어 있는 영혼은 세 부분으로 구성되어 있다. 첫째는 이성적인 부분(logistikon)으로 혼돈에 빠져 타락한 정신과 연결되어 있고, 둘째는 성마른 부분(thumikon)으로 육체와 연결되어 있고, 셋째는 욕망에 굶주린 부분으로 역시 육체와 연결되어 있다. 예를 들어, 에바그리우스가 설명한 8가지 악한 생각 중에 슬픔과 화는 성마른 부분에, 탐식과 음란과 욕정과 돈에 대한 사랑은 욕망의 굶주린 부분에 속해 있다.

## 3) 8가지 악한 생각들(logismoi)

수도사들의 실천적인 삶을 의미하는 프락티케의 가장 중요한 목표는 악한 생각들과 전투를 벌여 그것들을 억누르고 이기는 것이다. 에바그리우스의 저작 전반에 등장하는 '생각들'(logismoi)이란 단어는 일반적으로 '악한 생각'을 뜻하며 보통은 경멸적인 의미를 담고 있다. 그래서 에바그리우스는 이런 악한 생각을 분석하고 극복하는 데 많은 시간을 할애했다.

에바그리우스의 8가지 악한 생각은 『프락티코스』의 6절에 잘 나와 있다.

> "첫째는 탐식에 대한 생각, 둘째는 그와 더불어 정욕, 셋째는 탐욕, 넷째는 슬픔, 다섯째는 분노, 여섯째는 나태(혹은 영적 태만), 일곱째는 허영, 여덟 번째는 교만이다."

여기서 각각의 생각은 각각 상응하는 마귀와 연결되어 있다. 마귀는 생각을 매개로 수도사를 동요시키고 혼란스럽게 하며, 결과적으로 수도사가 머뭇거리게 하고 정신속에 욕망을 일으키게 만든다. 이처럼 생각의 동요와 혼란은 마귀의 유혹과 비례한다. 그러므로 생각을 이기기 위한 수도사의 진정한 전쟁은 마귀와의 전쟁이다. 수도사가 마귀와의 투쟁을 통해 악한 생각을 정복하면, 악한 생각에 상응하는 참된 덕을 발견해 나갈 수 있다.

악한 생각, 즉 마귀의 역할 중에 가장 중요한 목적은 수도사가 정신이 동요하지 않는 단계, 즉 아파테이아에 도달하지 못하게 막는 것이다. 그래서 마귀는 수도사의 정신에 생각을 불어넣고, 욕망이 일어나게 하고, 자신의 먹잇감이 되게 한다. 수도사가 이를 극복하기 위해서는 지속적으로 '정신'을 경계하고, 결코 주저하거나 머뭇거려서는 안 된다. 프락티케란 바로 이런 기법, 즉 마귀와의 싸움에서 이기는 법을 행하면서 배우는 것이다. 마귀가 우리를 혼란스럽게 하는 것은 우리 책임은 아니지만, 이런 일에 머뭇거리거나 욕망에 의해 요동하는 것은 우리의 책임이기 때문이다(프락티코스 No.6).

에바그리우스는 8가지 악을 예리하고 실천적인 지혜로 설명했다. 그리고 영적인 진보를 위한 금욕적 실천이라는 자신의 경험에 기반해 각각의 악들이 어떻게 서로 연결되어 있는지도 잘 보여주었다. 예를 들어, 음란은 음식과 편안함을 사랑하는 사람을 따르고, 돈을 사랑하는 자가 목적을 성취하지 못하면 슬픔에 빠지거나 화를 낸다. 허영과 교만은 자신의 실천적 싸움에서 다른 부분들을 성취한 자들 사이에서 생긴다. 8가지 악에 대한 에바그리우스의 사상이 교황 그레고리우스 1세(교황 재위 590~604년)를 거치면서 우리에게 익숙한 7가지 큰 죄로 정리된 것은 결코 우연이 아니었다.

## 4) 성경해석

에바그리우스의 글에서 우리는 시편과 잠언과 전도서를 읽을 때와 유사한 느낌을 종종 갖는다. 압축된 짧은 글이 주는 여운이 길고, 글이 깊고, 마음속에 오랫동안 남아 있는 경우가 많다. 그의 글이 많은 경우 성경의 지혜문학-특별히 잠언-에 나타난 교훈적이고 잠언적 형태를 본 따 만들어졌기 때문일 수 있다. 에바그리우스는 그의 글을 읽거나 가르침을 받는 사람이 이미 성경을 깊이 이해하고 있어서, 그가 한마디 금언을 던지더라도 받아들이는 자가 성경에 기반해 전체적인 맥락을 이해할 수 있을 것으로 여겼다. 예를 들어 자신이 즐겨 사용하는 정신과 영혼을 설명하는 과정에서도 그는 다양한 성경적 이름과 맥락을 깊이 있게 그리고 풍부하게 조사하고 묵상했다. 이처럼 그는 이미 성경에 익숙한 사람들이 훨씬 더 심오한 묵상을 하게 만들면서, 언어 자체를 매우 가성비 높게 사용하였다. 에바그리우가 성경을 해석할 수 있는 자를 '지식을 가진 자'(the knower, gnostikos)라로 표현하면서 그런 사람은 다른 사람들의 유익을 위해 성경을 해석할 의무를 지녔다고 강조한 것도 같이 마음에 새길 필요가 있다.

## 이 선집에 실린 작품

에바그리우스의 사상 전체를 관통하는 몇 가지 개념은 단편적인 구절구절을 읽을 때 보이지 않는 폭넓은 의미를 우리에게 잘 전달해 줄 것이다. 우리는 이번 선집에서 예나 지금이나 사람들이 즐겨 읽는 세 편의 글을 담았다. 『프락티코스』, 『기도』, 『수도사들에 대한 권면』. 수도사들이 금욕적이고 실천적인 삶을 어떻게 시작할 것인가, 하나님과 교통하는 정신과 영혼의 호흡이란 기도를 어떻게 드릴 것인가, 프락티케에서 자연에 대한 묵상을 통해 성 삼위일체에 대한 지식에 이르는 길을 수도사들이 어떻게 살아갈 것인가를 글을 읽으면서 따라가도록 순서를 정했다.

### 프락티코스

『프락티코스』는 영적인 삶을 추구하는 데 있어 출발점인 실천적 삶을 100개의 구절로 다룬 작품이다. 여기서 실천이란 악한 생각, 즉 마귀들과 전투를 벌이는 것을 의미하는데, 에바그리우스는 8가지의 주요한 악한 생각을 분석하고 영적이고 실천적인 훈련을 통해 그것들을 없애기 위한 현명한 조언을 제공한다.

『기도』를 비롯한 그의 다른 책에서도 등장하지만, 이 책에서 중요한 자리를 차지하는 개념이 아파테이아이다. 아파테이아(apatheia)는 영혼의 욕망적인 부분을 정결하게 하고, 궁극적인 지식에 도달하기 전에 필요한 마음이 동요하지 않는 상태, 혹은 무정념을 의미한다. 아파테이아는 정신을 잠잠하게 해 주면서 우리에게 기도할 힘을 더해 주고, 고독과 침묵 속에서 마귀들과 싸우고 유혹과 정욕을 극복하는 삶으로 전환하게 해준다. 아파테이아는 육신과 함께 거하는 영혼 속에 있는 욕정을 누그러뜨리고 하나님에 대한 진정한 사랑을 가능하게 만들고, 이런 사랑에 의해 수도사가 참된 지식에 이를 수 있게 해 준다.

이 책은 원래 『프락티코스』(Praktikos), 『그노스티코스』(Gnostikos), 『케팔라이아 그노스티카』(Kephalaia Gnostica)라는 세 권으로 묶여 구성된 책 중에서 제일 첫 번째에 해당한다. 100개 구절로 이루어진 『프락티코스』는 프락티케를 우선적으로 다루었고, 50개로 이루어진 『그노스티코스』(그중 30개가 그리스어+시리아어)는 프락티케와 『케팔라이아 그노스티카』에 등장한 다양한 지식을 연결하는 매개적인 역할을 하고 있다. 세 번째 책인 『케팔라이아 그노스티카』는 세 권 중에 가장 길고 가장 난해한 작품(75개 정도가 그리스어+나머지 전체는 시리아어)이다. 에바그리우스의 신학적 연구는 주로 이 작품에 기초하고 있는데, 이 책은 삼위일체의 지식에 앞서는 온갖 종류의 지식을 다루고 있다.

## 『기도』

153개의 구절로 이루어진 『기도』는 에바그리우스의 가장 중요한 작품 중의 하나이다. 그는 기도를 '어떠한 매개체도 없이 … 정신과 영혼이 하나님과의 교통하는 것'(3)이라 정의하면서, 기도에 대해 설명했다. 52장에서 그는 "기도하는 상태는 전혀 아무런 흔들림이 없는 고요한 습관이며, 이는 지혜를 향한 영혼을 최상의 숭고한 사랑으로서 지성의 높은 단계로 오르게 해 주는 것"으로 표현했다. 에바그리우스는 『기도』에서 기도를 규정하고 우리가 순수하고 진실된 기도를 어떻게 드릴 것인지, 그리고 참되고 순수한 기도를 방해하는 세력이 무엇인지를 이야기했다. 여기서 순수한 기도란 기도하는 사람의 마음을 파고들어 교란하는 과거의 기억을 하나님의 임재 안에서 벗어버리는 것이다. 이러한 기도는 또한 비물질적이고 영적인 삼위일체 하나님과 직접 교류하기 위해 하나님에 대하여 적절치 않은 모든 이미지와 표상과 형상을 정신 안에서 제거하는 것이다.

'제거'나 '벗어버림' 같은 부정적인 것들에 대한 청결과 함께 기도는 하나님과의 정신적 소통이다. 기도는 "정신이 하나님께로 올라가는 것"(35)이다. 기도는 영적으로 하나님을 아는 것이고, 하나님과 직접 접촉하는 것이다. 그리스도를 통해 영혼 안에서 진실로 기도하는 사람은 피조물에 대한 지식을 뛰어넘어 하나님에 대한 영적인 지식에 도달할 수 있다. 그런 상태에서 진실로 기도하는 자가 신학자(theologos)라 불리는 것도 전혀 이상한 것이 아니다(60). 피조물과 마귀들의 교란작전에 의해 산만하지 않은 진실한 기도야말로 가장 높은 정신활동(83)이요, 지성의 최고 활동으로 영적 수행의 가장 높은 목표이다. 또한 이러한 상태에서 우리는 순수한 정신을 발견하고 유지할 수 있다. 순수한 정신을 발견하고 참된 기도의 상태에 도달한 사람은 마치 천사의 상태와 같다(113).

## 『수도사들에 대한 권면』

이 책의 제목이 분명하게 보여주듯이 『수도사들에 대한 권면』은 금욕적이고 실천적인 삶을 추구하는 수도사들에게 주는 실제적인 조언이자 권면이다. 137개의 금언록으로 이루어진 이 작품은 다른 책들에 비해 구절들이 훨씬 더 간결하고 압축적이고 구성상의 밀도가 가장 높다. 이 책은 성경의 지혜문학 중에 잠언을 본 따 수도사의 영적인 여정 전체를 성경적 언어를 사용해 시적인 이미지로 그려내었다. 동시에 이 책은 우리가 위에서 논의한 아파테이아와 기도의 개념을 에바그리우스의 영성체제의 전체적 맥락에서 포괄적으로 논의한다. 그래서 여덟 가지 악에 대한 추가적인 적절한 해석, 그리고 기도와 영적인 고양에 대한 관계도 이 책에서 잘 다루고 있다. 마치 세상을 다 산 아버지가 열정 하나로 이제 막 수도사의 삶을 시작한 사람에게 손을 잡고 이끄듯이 수도사의 삶의 여러 모습을 안내하고 있다. 이 책의 마지막 구절은 그의 신학에서 공통적으로 등장하는 구절로 마무리한다.

"세상에 대한 명상은 마음을 넓히고 섭리와 심판의 지혜는 마음을 고양시킨다. 영적인 것들에 대한 지식은 마음을 고양시키고, 그 마음을 거룩한 삼위일체 앞에 놓아준다(135-136)."

## 어떻게 읽을 것인가?

에바그리우스의 글은 주제와 대상이 다르더라도, 그의 핵심적인 가르침의 주제들은 곳곳에 분명하게 드러나 있다. 에바그리우스는 자신의 저작에서 영적인 삶과 진보, 정신과 영혼이 본질적으로 추구할 주제, 기도와 영성의 본질, 그리고 수도사들을 위한 실제적인 가르침과 교훈을 보여주였다.

그의 사상은 오리게누스와 갑바도기아 신학자들의 체계적이고 지적인 신학적 이해와 이집트 사막에서의 풍부한 영적 체험과 실천적 전통을 하나로 묶어주었다. 그의 글이 짧고 압축적이고 함축적이지만, 우리는 그의 사상과 삶 전체를 관통하는 내적인 논리를 어렵지 않게 파악할 수 있다. 또한 시공간을 넘어 동-서방의 모든 기독교인에게 던지는 깊은 영적 통찰력과 인간에 대한 심리적이고 인류학적 이해에 기반한 전인적인 영성의 깊이를 맛볼 수 있다. 이제 우리가 이런 글을 어떤 마음으로, 어떻게 읽어나갈 것인지 살펴보면서 이 글을 마무리하려 한다.

첫째, 이 책에서 제기된 질문과 도전을 우리가 여전히 마음에 간직하고 살아가려고 하면 어떨까? 기독교 신앙의 진정한 영성의 의미, 즉 구원의 길과 새로운 삶을 추구하는 것은 무엇일까? 어떻게 사악한 마귀들이 사방에서 우리를 노리고 있는 현실의 삶에서 출발해 하나님의 존재 자체와 삼위일체 하나님에 대한 지식을 묵상하고 시편을 노래하는 고상한 단계까지 이를 수 있을까? 참된 기도와 묵상이란 무엇일까? 일상의 삶에서 기도의 의미를 깨닫고, 신앙과 삶과 인격을 변화시켜, 하나님을 아는 참된 지식에 이르는 방법은 무엇일까? 욕정과 초연함, 마귀의 계교와 덕의 수련, 세속적인 삶과 천상의 삶을 어떻게 구별할 수 있을까? 우리가 어떻게 수도사로서의 실천적 학문에서 사물에 대한 깊은 명상을 거쳐 참 하나님이신 천상의 존재 자체를 묵상하는 영적 지식의 단계까지 나아갈까? 이 모든 것을 깨닫고 지키고 실천하기 위해 우리는 어떤 삶을 살아야 할까? 이런 질문은 오늘 이 시대에 여전히 물어야 할 질문이고, 에바그리우스의 글들을 통해 우리가 새로운 이해와 실천의 단초를 찾을 수 있을 것이다.

둘째, 에바그리우스의 영적인 가르침은 빈번하게 마귀의 활동과 연결되어 있다는 점을 주목해 보자. 마귀 혹은 악한 생각에 대한 에바그리우스의 생각은 『프락티코스』의 중심 주제인 '여덟 개의 유혹하는 생각들'에 잘 나타나 있다. 또한 『기도』에서는 수도사가 순수한 기도에 도달하는 것을 악한 마귀가 어떻게든 모든 수단을 써서 방해하려는 모습이 자주 등장한다. 사막의 수도원 학교의 창시자 중의 한 사람인 성 안토니우스(St Anthonius)도 가르쳤듯이, 수도사들의 영적인 삶과 투쟁은 마귀에 대한 투쟁과 전쟁으로 자주 묘사되었다. 에바그리우스는 심지어 마귀가 우주의 기원과 전개 과정에서 실제적인 위치와 영향력을 가진 존재로 그렸다. 흥미롭게도 에바그리우스는 마귀를 경험적이고 심리학적인 방법으로 묘사했다. 예를 들어 그는 인간이 겪는 심리적, 윤리적, 정신적, 영적인 이탈과 혼란을 삶을 방해하는 마귀의 공격으로 분석하였다. 『안토니우스의 생애』에서도 볼 수 있듯이, 악과 덕의 본질 및 역할에 대한 심리적 분석은 수도사들의 삶과 영성을 이해하는 데 큰 도움을 준다. 예를 들어 "유혹하는 생각"과 "악마, 혹은 마귀"는 거의 동의어로 쓰였다. 악마는 영혼을 공격할 때 그 안에 욕정으로 가득 찬 환상이나 이미지들을 불러일으키고, 부정적인 에너지를 발생시켜 사람이 화를 내고 두려움에 잡혀 공격적인 성격을 발산하게 만든다. 마귀의 공격과 방해를 물리치기 위해 수도사는 그리스도의 도움을 간구하고, 동시에 마귀들의 특징을 관찰하고 분별해 이에 맞설 덕을 기르고, 마음의 평정을 되찾아야 한다. 마귀의 본질과 역할에 대한 이해는 자연스럽게 덕목을 규정하는 데 크게 도움을 준다.

셋째, 이집트 사막의 수도자요, 성자로 살았던 에바그리우스의 작품을 통해 우리는 수도사와 수도원 문화가 막 꽃피기 시작한 이집트 수도자들의 영성을 이해할 수 있다. 당시 이집트의 수도원은 은둔형과 공동체형이 혼합되어 있었다. 에바그리우스가 살았던 켈리아의 수도원도 공동체성을 띤 은둔형 수도원이었다. 각 수도사는 넓은 곳에 흩어져서 진흙 벽돌로 만든 작은 거처에 살면서, 삶과 금욕적 수도생활에 꼭 필요한 부분만을 같이 나누는 일종의 수도사 마을을 형성했다. 개별적인 수도생활이 중요하게 보장되었지만, 수도원 마을과 같은 넓은 개념에서 상급자와 하급자, 또는 수도사 사이의 관계는 여전히 중요했다. 아버지 수도사에 해당하는 '아바'(abba)는 각 지역의 제자들에게 영적인 가르침을 베풀었다. 또한 주일과 절기 같은 특정한 날에는 공동의 예배나 식사를 했다. 그리고 성경과 삶을 통한 영적인 가르침을 나누고 가르쳤다. 평일에는 각자 자신의 거처에 머물면서 아주 적은 양의 빵으로 식사를 하거나 밧줄이나 바구니를 만들며 노동을 하여 생계를 유지하고, 그리고 기도와 묵상에 전념했다. 에바그리우스 역시 자신이 금욕적 수행생활을 했을 뿐만 아니라, 방문객들과 제자들에게 성경을 가르치고 글을 썼다. 그리고 머지않아 여러 지역에서 온 순례자들의 중심적 순례코스가 되어버린 이곳에서 많은 사람을 권면하고 가르쳤다. 바로 이러한 삶을 살았던 수도사의 풋풋한 영성, 기도, 절제, 정신, 고요함, 아파테이아의 삶, 영혼의 완성을 위한 끝없는 금욕적 실천을 에바그리우스의 책에서 우리는 맛볼 수 있다.

넷째, 고대 이집트 사막에서 울려 퍼진 금욕주의적 성자들의 영적 가르침은 각종 SNS와 영상매체와 AI가 활용되는 오늘날 우리에게 어떤 의미를 던져줄 수 있을까? 세월이 아무리 흐른다고 해서, 끊임없이 변화되는 문화와 현대적인 삶의 양태가 신앙의 핵심요소인 기도와 묵상을 비롯한 금욕적 수도생활의 중요성마저 바꿀 수는 없을 것이다.

에바그리우스는 우리 시대에 비해 세속적인 삶과 좀 더 분명하게 분리되고 엄격한 금욕적인 삶을 살았다. 에바그리우스가 살았던 4세기 수도사들의 영성은 당대 기독교 신학, 정치와 문화를 비롯한 사회·종교적 상황과 맞물려 등장했다. 그러나 짧지만 강력한 에바그리우스의 가르침들은 현대 기독교인의 삶과 영성의 진실한 본질을 진지하게 성찰하게 만든다. 기도와 묵상의 수행과정이나 단순한 결과보다는 기도와 묵상 자체가 갖는 본질을 추구했던 에바그리우스의 삶과 영성은 프로그램과 큰 숫자로 표현되는 결과에 연연해 하는 오늘날 기독교인들에게 적지 않은 도전을 준다. 특별히 일시적인 구원과 기도 체험을 자랑하면서도 개인과 공동체의 삶에서 인격적이고 윤리적인 열매를 맺지 못하는 현대 기독교인들에게는 더 큰 도전을 제시한다. 본질에 대한 추구, 삶과 정신과 영혼의 아파테이아에 대한 추구, 하나님에 대한 부차적으로 덧붙여진 것이 아니라 그분 자체를 보려는 진지한 자세, 그리고 참된 영적 지식을 얻어가는 과정에서 탄탄한 지적 이론과 엄격한 실천적 영성의 조합에 대한 고민은 에바그리우스가 오늘날 우리에게 남긴 교훈일 것이다.

## 감사

2011년에 나온 초판을 이번에 개정하게 되었다. 좋지만 어려운 작품을 그 당시 번역해 주신 전경미 박사와 이재길 선생에게 감사를 드린다. 그동안 많은 사람의 사랑을 받아온 이 작품을 이번에 새롭게 개정했고, 내용과 용어의 일관성을 좀 더 보완했다. 그리고 에필로그도 독자들이 쉽게 이해할 수 있도록 새롭게 다듬어 앞부분에 배치했다. 2차 개정작업은 내가 적지 않은 시간을 들여서 했지만, 본문을 읽고 의견을 주신 김진우 목사와 류명균 선생의 도움이 컸다. 에바그리우스의 작품들이 앞으로 한국인 독자들에게 좀 더 많이 소개되기를 기대한다.

2024년 겨울
강원도 화천에서 김재현

# 주요 참고 문헌

## 프락티코스(Praktikos)

*The praktikos : Chapters on prayer*, trans., with an introduction and notes, by John Eudes Bamb. Spencer, Mass. : Cistercian Publications, 1970 [c1972]

*Praktikos, oder, Der Mönch : Hundert Kapitel über das geistliche Leben; mit einem Vorwort von Alois M. Haas / Evagrios Pontikos* ; [translation and commentary by]Gabriel Bunge. Köln: Luthe-Verlag, c1989.

*The Praktikos.* Antoine & Claire Guillaumont. *Traité pratique : ou, Le Moine.* Évagre le Pontique;. SC 170, 171. Paris : Éditions du Cerf, c1971.

## 기도(Prayer)

*De Oratione capitula or The Chapters on Prayer. PG 79:1165–1200*

## 수도사들에 대한 권면(Ad monachos)

*Ad monachos*: H. Gressmann. ed. In "nonnenspiegel und monchsspiegel des Euagrios pontikos." Texte und Untersuchungen 39, no. 4 (1913): 143–165.

*The mind's long journey to the Holy Trinity : the Ad monachos of Evagrius Ponticus*, trans & with an introduction by Jeremy Driscoll. Collegeville, Minn. : Liturgical Press, c1993.

*Evagrius Ponticus, Ad monachos.* Trans. & commentary by Jeremy Driscoll. New York : Newman Press, c2003.

http://www.ldysinger.com/Evagrius/01_Prak/00a_start.htm

# 프락티코스

100개의 실천적 수련에 관한 묵상

1. 그리스도교는 우리 구주 그리스도에 관한 가르침이다. 이는 금욕적 수행(praktike), 자연 세계에 대한 명상(physike), 그리고 하나님에 대한 학문(theologike)으로 구성되어 있다.

2. 천상의 나라는 존재하는 것들에 대한 참된 지식을 동반하는 '아파테이아'(apatheia), 즉 영혼의 초연함을 뜻한다.

3. 하나님의 나라는 거룩한 삼위일체에 대한 지식을 뜻하는데, 그 지식은 정신(nous)의 역량에 따라 드러나며, 불멸한다는 점에서 정신을 훨씬 능가한다.

4. 인간은 무엇이든지 자신이 열렬히 사랑하는 것을 전심으로 원한다. 그는 자신이 원하는 것을 얻고자 분투할 것이다. 그런데 모든 쾌락은 욕망(epithumia)을 따라 나오고, 욕망은 감각으로부터 생겨난다. 그러므로 감각에 종속되지 않으면 욕망으로부터 자유롭다.

5. 마귀들은 은자수도사들과 노골적인 전쟁을 치른다. 그러나 수도원이나 공동체에서 덕을 닦는 이들에 대항할 때는 형제들 가운데 더 부주의한 자들을 무장시킨다. 후자의 전투는 전자의 것보다 훨씬 수월하다. 왜냐하면 마귀들보다 더 잔인하거나 마귀들의 모든 악행을 한꺼번에 저지를 수 있는 인간을 이 땅에서 찾을 수 없기 때문이다.

## 사람을 유혹하는 여덟 가지 생각(6-14)

6. 일반적으로 사람을 유혹하는 모든 생각을 여덟 개의 범주로 나눌 수 있다.

첫째는 탐식에 대한 생각, 둘째는 그와 더불어 정욕, 셋째는 탐욕, 넷째는 슬픔, 다섯째는 분노, 여섯째는 나태(혹은 영적 태만), 일곱째는 허영, 여덟 번째는 교만이다.

이러한 생각이 마음을 교란할 수 있는지 없는지를 결정하는 것은 우리에게 달려 있지 않다. 그러나 그것이 우리 안에 머뭇거리는지 아닌지, 우리의 욕망을 자극하는지 아닌지는 우리에게 달려있다.

7. 탐식에 대한 유혹은 수도사들이 금욕적인 삶을 재빨리 포기하도록 이끈다. 그런 생각은 그에게 위, 간, 비장(脾臟)의 문제들, 그에 따라 생기는 부종(浮腫)에 대한 염려를

장기간의 병, 필수품들의 부족, 의사의 치료를 받을 수 없다는 생각 등과 함께 나열한다. 이런 것은 수도사의 눈앞에서 생생하게 묘사된다. 그런 생각은 종종 그런 것을 겪은 형제들을 회상하도록 부추긴다. 심지어 그 같은 질병으로 고통받는 이들이 금욕생활을 실천하고 있는 수행자를 방문해 자신의 불행에 대해 말하거나, 그런 것이 어떻게 수도사들의 금욕생활에서 초래되었는지를 설명하도록 부추기기도 한다.

8. 정욕이라는 마귀는 수도사들을 육체에 대한 탐욕으로 이끈다. 마귀는 절제를 수행하는 사람을 더 맹렬하게 공격한다. 그리하여 수행자들이 아무것도 성취하지 못하는 것처럼 느끼게 하여 스스로 수행을 포기하게 한다. 영혼을 더럽히기 위해, 마귀는 영혼이 다음과 같은 행위를 향해 기울어지게 한다. 그것은 어떤 것이 마치 눈에 보이도록 그 자리에 실제로 있는 것처럼 영혼이 말을 하고 듣게 만든다.

9. 탐욕은 오래 사는 것, 노동할 힘이 없어지는 손, 머지않아 닥칠 배고픔과 질병, 가난이라는 비참함, 생필품을 남들로부터 받는 데서 오는 수치심을 생각하게 한다.

10. 슬픔은 종종 욕망이 좌절된 데에서 생겨난다. 그러

나 때로 분노의 결과로 생겨나기도 한다. 욕망이 좌절될 때, 슬픔은 다음과 같이 생겨난다. 어떤 유혹적인 생각이 먼저 영혼을 사로잡아 집이나 부모, 또는 이전의 삶의 행적을 상기시킨다. 영혼이 아무런 저항 없이 그런 생각을 따르고 정신적인 쾌락 속에서 스스로 고갈될 때, 그 생각은 영혼을 붙들어 슬픔 속에 잠기게 한다. 이러한 것들은 이미 지난 것이고 수도사의 현재의 삶의 방식 때문에 다시 올 수 없다. 그래서 비참해진 영혼은 그 유혹적인 생각으로 고갈된 후 다음에 오는 슬픔으로 더욱더 수치스러워진다.

11. 분노는 가장 격렬한 욕망이다. 사실 분노는 부당한 사람이나 그렇게 추정되는 사람에 대해 열을 받아 터지는 작용이라 알려져 있다. 분노는 온종일 영혼을 황량하게 만들고 무엇보다 기도할 때 마음을 사로잡고 괴롭히는 사람의 얼굴을 떠오르게 만든다. 때로 분노는 좀처럼 사라지지 않고 머뭇거리면서 깊은 증오로 변한다. 그리하여 밤에 마음을 어지럽히거나 몸을 쇠약하게 하고 얼굴을 창백하게 만든다. 분노는 또한 사악한 마귀들의 공격을 야기한다. 우리는 깊은 증오와 연결된 이런 네 가지 증상이 다른 많은 유혹적인 생각을 통해 일어난다는 것을 알 수 있다.

12. '대낮의 마귀'라고도 불리는 나태 마귀는 모든 마귀 중에서 가장 버거운 짐이다. 이 마귀는 아침 4시경(오전 10시) 수도사의 영혼을 사로잡아 8시경(오후 2시)까지 그 영혼을 둘러싸고 있다.

첫째로, 마귀는 태양이 더디 움직이거나 멈춘 것처럼 보이게 해서 하루가 오십 시간이나 되는 것처럼 보이게 한다.

마귀는 수도사가 지속해서 창문 밖을 내다보고 자신의 독방 밖으로 뛰어나와 태양이 9시경(오후 3시)에 이르려면 얼마나 더 있어야 할지를 확인하게 한다. 또한 다른 형제가 자신에게 다가오는지 보기 위해 사방팔방을 둘러보게 만든다.

마귀는 또한 수도사가 자기가 살고 있는 장소와 살아가는 방식, 그리고 자신의 육체 노동을 증오하게 만든다. 마귀는 동료 형제들 사이에 사랑이 더 이상 남아있지 않아 자신을 위로할 사람이 아무도 없다고 생각하게 한다.

만일 누군가 최근에 이 수도사를 불쾌하게 했다면 마귀는 증오가 더 깊어지도록 이런 일을 더 한다.

마귀는 수도사가 자신에게 필요한 모든 것을 쉽사리 얻을 수 있는 다른 거처를 갈망하게 하거나 수행이 더 쉽고 형편이 더 용이한 일을 찾게 한다. 마귀는 마침내 수도사를 부추겨 특정한 장소에 머무는 것이 주님을 기쁘시게 하는 것은 아니며 어디서나 하나님을 예배할 수 있다고 생각하게 한다.

마귀는 수도사의 친척과 그의 이전의 삶에 대한 회상을 이러한 생각과 결합한다. 그리하여 마귀는 그의 눈앞에 금욕적인 삶이 얼마나 어려운지 보여 주면서 아직도 살아야 할 인생이 길다고 말한다.

전해 오는 말대로 마귀는 가능한 한 모든 수단을 사용해 수도사가 자신의 독방을 버리고 종교적 수행이라는 경주를 포기하게 한다. 이같은 시험 후에 다른 어떤 마귀도 곧바로 공격하지 않는다. 오히려 투쟁을 마친 후 영혼은 평화로운 상태와 말로 표현할 수 없는 기쁨을 누린다.

13. 허영이라는 유혹적인 생각은 특별히 교활하여 덕을 실천하고 있는 사람에게 쉽게 침투한다.

허영은 자신의 노력을 공공연하게 알리고 싶게 하고, 사람들 사이에서 영광을 찾아 헤매도록 부추긴다.

허영은 울부짖는 악마와 치유받는 여자들, 수도사의 옷을 만지기 원하는 군중에 대한 환상을 일으킨다.

허영은 사람들이 그의 문 앞에 찾아와서 그가 사제직을 얻을 것이라고 예언한다. 그가 만약 저항하더라도 강제로 데려가 안수를 받게 할 것이라 예언한다.

이처럼 허영은 수도사를 공허한 희망으로 높이 들어 올

린 후 갑자기 달아난다. 수도사가 교만의 마귀나 우울하게 하는 마귀에 유혹을 당하도록 남겨둔 채 갑자기 그를 포기하고 떠났다가 그가 처음에 품었던 희망과는 반대되는 유혹적인 생각을 가져온다.

허영은 또한 바로 전에 강제로라도 거룩한 사제로 삼으려고 데리고 갔던 사람을 성적 부도덕이라는 마귀에게 넘기기도 한다.

14. 교만의 마귀는 영혼을 가장 심각하게 타락시킨다. 마귀는 영혼에게 이렇게 충동질한다.

'하나님의 도움을 인정하지 말라. 영혼이 그 자신의 성공에 책임이 있다고 생각하라. 다른 형제들은 이점을 전혀 보지 못하기 때문에 어리석다고 경멸하라.'

다음과 같은 것이 이 마귀를 따라온다. 분노, 슬픔과 궁극적인 악, 지독한 광기와 정신 착란, 공중에 무리 지어 다니는 마귀에 대한 생각.

## 여덟 가지 유혹하는 생각에 대한 대처(15-39)

15. 방황하는 정신은 독서, 야간 기도, 기도로 안정된다. 타오르는 욕망은 배고픔, 힘든 일, 고독으로 꺼진다. 마음을 교란하는 분노는 시편을 노래하거나 참을성 있는 인내

와 자비로 잠잠해진다.

그러나 이러한 모든 훈련은 적절한 시간과 적당한 수단을 통해 진행되어야 한다. 적절하지 않은 때 과도하게 행하는 것은 일시적으로 유지될 뿐이다. 일시적인 것은 더욱 해롭고 유익하지 않다.

16. 영혼이 다양한 음식을 갈망할 때, 단지 빵과 물에 만족하고 한 입 정도에도 감사할 수 있어야 한다. 사실 만족감은 다양한 음식을 바라나, 배고픔은 단지 빵을 배부르게 먹는 것만도 지극한 축복이라 여긴다.

17. 사람이 물 마시는 것을 자제하는 것은 절제를 지키는 데 큰 도움이 된다. 기드온과 함께 미디안을 무찌른 삼백 명의 이스라엘 사람들로부터 이러한 것을 배우라(삿 7:5~7).

18. 죽음과 삶이 한 사람에게 동시에 공존하는 것은 불가능하다. 마찬가지로 사랑과 부도 공존할 수 없다. 왜냐하면 사랑은 부를 파괴할 뿐만 아니라 심지어 이 땅에서의 삶도 파괴하기 때문이다.

19. 모든 세속적 기쁨으로부터 피하는 사람은 슬픔의 마귀가 뛰어오를 수 없는 요새와 같다. 기쁨이 실제로 지금 있거나 예상되는가에 상관없이, 기쁨의 결핍이 슬픔

이기 때문이다. 우리가 이 땅에 있는 것에 어떤 집착을 가지는 한, 슬픔이라는 적을 물리칠 수 없다. 마귀는 우리가 자신의 성향에 이끌려가는 것을 지켜보다가 바로 그곳에 덫을 놓고 슬픔을 일으킨다.

20. 화냄과 증오는 분노를 증가시킨다. 그러나 구제와 온유함은 분노가 일어났을 때도 그것을 감소시킨다.

21. 해가 지기 전에 화를 풀어야 한다(엡 4:26). 마귀들은 밤에 더욱 기승을 부려 우리 영혼을 위협한다. 따라서 다음날 우리 영혼이 투쟁하는 데 있어 더 겁을 먹지 않도록 해야 한다. 왜냐하면 공포스러운 환상들이 분노라는 마음의 교란으로 생기기 때문이다. 사실, 어수선한 분노보다 우리의 정신을 더 황량하게 만드는 것은 아무것도 없다.

22. 우리 영혼의 성마른 부분이 어떤 것으로 인해 교란될 때 마귀들은 우리가 그만두고 물러나는 것이 얼마나 좋은지를 넌지시 말한다. 그래서 우리가 슬픔의 원인을 해결하지 못하게 하고 혼란으로부터 자유롭지 못하게 한다.

한편 우리의 욕망하는 부분이 불타오를 때, 마귀는 우리를 사교적으로 만들고 (그러지 않을 경우) 강퍅하고 무례하도록 부추긴다. 그리하여 마귀는 우리가 육체를 욕망함으로써 육체와 접하게 한다. 우리는 어떤 상황에서도 마귀에게 복종해서는 안 되고 오히려 거슬러 행동해야 한다.

23. 당신을 괴롭히는 사람과 내적으로 싸워서 화를 내도록 유혹하는 생각에 자신을 굴복시키지 말라. 쾌락이라는 환상 속에서 대부분의 시간을 보내면서 음란한 생각에 자신을 넘겨주지 말라. 왜냐하면 전자는 마음을 어둡게 하고, 후자는 마음을 정욕으로 불타오르게 하기 때문이다. 이 둘 모두 당신의 마음을 타락시킨다.

당신이 기도할 때 어떤 이미지들을 공상한다면 하나님께 순수한 기도를 바칠 수 없어서 곧바로 나태 마귀의 희생물이 될 것이다. 이 마귀는 그러한 상태에서 즉시 나타나 새끼 사슴 앞에 있는 사냥개같이 그 영혼을 갈기갈기 찢어 놓는다.

24. 분노의 본질은 마귀와 싸우는 것이고 어떤 종류의 기쁨이라도 얻으려고 애쓰는 것이다. 이러한 이유로 천사는 우리에게 영적인 기쁨과 그것들로부터 오는 축복을 제시한다. 천사는 우리의 분노가 마귀를 향하도록 격려한다. 그러나 마귀는 우리를 세속적인 욕망으로 이끌면서 영혼의 본성을 거스르는 분노를 통해 다른 사람들과 싸우도록 맹렬하게 부추긴다. 우리 정신을 하나님에 대한 참된 지식으로부터 분리하고 실천적 덕들의 반역자로 만들

면서 정신을 어둡게 한다.

25. 형제 중에 어떤 이를 성나게 하여 달아나게 하지 않도록 스스로 삼가라. 그렇지 않으면 당신은 일생 낙담의 마귀로부터 결코 피할 수 없을 것이다. 그것은 기도할 때 당신에게 항상 걸림돌이 될 것이다.

26. 선물은 상처에 대한 기억을 가라앉힌다. 야곱에게 이것을 배우라. 에서가 사백 명의 무리를 이끌고 그와 겨루려고 왔을 때 야곱은 선물을 가지고 갔다(창 32). 실로 우리는 부족한 존재이기 때문에 식탁에서 호의를 베풀어 모자라는 부분을 보완해야 한다.

27. 열의가 없는 나태 마귀에게 시달릴 때 눈물을 흘리며 우리 마음을 둘로 나누어 한쪽이 다른 쪽을 격려하도록 해야 한다. 그리고 우리 안에 선한 희망의 씨를 뿌리고, 다음과 같은 다윗의 노래로 위로해야 한다.

"내 영혼아, 너는 왜 낙망하느냐? 왜 나를 절망하게 만드느냐? 하나님께 희망을 두라. 왜냐하면 내가 그분에게 아뢸 것이기 때문이다. 그는 나의 구원자요, 나의 하나님이시라"(시 42:5 참조)

28. 유혹을 당할 때 우리는 자신이 생각해 낼 수 있는 그럴듯한 핑계에도 불구하고 우리가 머무는 방을 버려두

고 떠나서는 안 된다. 우리는 그 안에 앉아 머물고 참아야 한다. 또한 모든 방문객, 특히 나태 마귀, 즉 모든 것 가운데 가장 억압적인 마귀를 맞이해 용감하게 싸워야 한다. 이러한 싸움을 통해 영혼의 가장 높은 경지를 증명할 수 있다. 하지만 그러한 갈등을 피하려고 애쓰면 정신이 무기력하고 겁이 많아져 삶에서 쉽게 달아나게 된다.

29. 금욕주의를 매우 능숙하게 실천하는 거룩한 스승이 말했다.

"수도사는 마치 자신이 내일 죽을 것인 양 늘 준비하고 살아야 하지만 동시에 앞으로도 오랜 세월을 살 것인 양 자기 몸을 다루어야 한다."

첫 번째 태도는 나태에 대한 생각을 중단시키고 수도사가 보다 열심을 내게 한다. 한편, 두 번째 태도는 자신의 몸을 보전하여 몸의 절제를 균형 있게 유지해 준다.

30. 허영이라는 유혹하는 생각을 피하는 것은 어렵다. 왜냐하면 당신이 허영을 제거하려고 무엇을 하든지 간에 그것은 새로운 허영을 낳기 때문이다. 우리가 지닌 올바른 생각이 마귀에 의해 전부 반대를 당하는 것은 아니다. 그중 어떤 것은 우리 자신의 개인적인 악에 의해 반대에 부딪힌다.

31. 나는 거의 모든 마귀가 허영의 마귀를 추격하고 있다는 것을 알고 있었다. 그러나 추격하는 자들이 실패할 때 허영이 파렴치하게 앞으로 나와서 수도사에게 그의 덕이 얼마나 위대한지를 선언한다.

32. 참된 지식에 도달하고 그 지식이 낳는 기쁨을 수확하는 사람은 그에게 모든 세상적 즐거움을 제공하는 허영의 마귀에게 더는 넘어가지 않는다. 마귀가 어떻게 영적인 명상보다 더 좋은 것을 그에게 약속할 수 있겠는가? 우리는 하나님께 우리의 목적, 즉 그분에 대한 지식을 얻으려고 모든 것을 행하고 있다는 것을 보여드리면서, 지식의 향기를 맛보지 못할 정도로 금욕적 수행의 삶에 열성적으로 임해야 한다.

33. 당신의 이전 삶과 지난 허물들을 상기하고, 덧없는 열망에 매여 있었을 때 어떻게 그리스도의 자비로 아파테이아에 이르게 되었는지 되새겨 보라. 또한 그렇게 빈번하게, 그렇게 많은 방법으로 당신에게 수치심을 주었던 세상을 어떻게 떠나왔는지 기억하라.

다음과 같은 것을 곰곰이 생각해 보라. 이 사막에서 당신을 지키는 분은 누구인가? 당신에 대항하여 이를 가는 마귀들을 쫓아내는 분은 누구인가? 이러한 생각은 우리 안에 겸손을 불러일으키고 교만한 마귀에게 어떤 틈도 주지 않을 것이다.

### 정욕에 대하여

34. 우리가 특정 사물에 대해 정욕으로 가득 찬 기억을 갖고 있다면, 이는 한때 정욕을 통해 그러한 것들을 받아들였기 때문이다. 정욕으로 맞아들이는 것은 무엇이든지 나중에 정욕과 함께 기억될 것이다.

따라서 마귀의 작전을 물리친 사람은 그것이 만들어내는 효과를 경멸한다. 실로 영적인 전투는 물질적인 전투보다 더 어렵기 때문이다.

35. 영혼의 정욕은 사람에게서 비롯되고, 육체의 정욕은 육체에서 비롯된다. 육체의 정욕은 절제에 의해 잘려나가고, 영혼의 정욕은 영적인 사랑으로 제거된다.

36. 영혼의 정욕을 담당하는 마귀는 우리가 죽을 때까지 활동한다. 육체의 정욕을 관장하는 마귀는 더 빠르게 우리에게서 떠나간다. 다른 마귀는 영혼의 특정 부분에만 영향을 주는데 마치 태양이 떠올랐다 지는 것과 같다.

그러나 대낮이라고 불리는 마귀는 일반적으로 온 영혼을 감싸고 그 정신을 질식시킨다. 그러므로 세속에서 물러난 은둔적인 삶은 정욕을 버려야 행복하다. 그때 우리의 기억이 단순해진다. 수도사의 싸움은 더이상 그를 전투로 내몰지 않고 다만 싸움 자체를 명상하도록 준비시킨다.

37. 표상(表象)이 정욕을 일으키는지, 정욕이 표상을 일으키는지 주목할 필요가 있다. 어떤 이들은 전자의 견해를, 다른 이들은 후자의 견해를 지지한다.

38. 정욕은 본래 감각을 수단으로 해서 자극을 받는다. 만약 사랑과 절제가 거기에 있다면 정욕은 자극되지 않으나, 그렇지 않다면 정욕이 생긴다. 분노는 현세에 대한 정욕보다 더 많은 치료가 필요하다. 그런 이유 때문에 사랑은 분노를 제어한다는 점에서 위대하다고 불린다(고전 13:13). 따라서 거룩한 모세는 자신의 타고난 기량 안에서 그 사랑을 상징적으로 "뱀을 무찌르는 투사"라고 일컫는다.

39. 마귀로부터 풍겨오는 악취, 그리고 영혼을 화나게 하는 마귀와 관련된 정욕의 영향을 받은 채 마음에 가까이 다가오는 마귀를 감지할 때, 영혼은 대게 유혹하는 생각에 대항해 불타오른다.

## 가르침(40-62)

40. 우리가 매 순간 관습적인 규칙을 지키는 것은 불가능

하다. 다만 적절한 때에 주의를 기울이고 우리가 할 수 있는 최선을 다해 계율을 지키는 것은 필요하다. 마귀는 이 적절한 때와 그와 관련된 상황을 소홀히 하지 않는다. 그래서 우리를 거슬러 그들 자신의 활동으로 우리가 가능한 것을 완수하지 못하게 방해하고 불가능한 것을 착수하도록 강요한다.

마귀는 병자들이 고통 가운데 감사하는 것을 방해하고, 자신을 돌보는 사람을 향해 인내심을 갖지 못하게 한다. 또한 그들은 약한 이들이 금식하도록 권면하거나 내리눌려 쓰러질 것 같은 사람에게 서서 시편을 노래하도록 권면한다.

41. 우리가 도시나 마을에서 시간을 보낼 수밖에 없을 때 세상 사람들과 교제하는 시간에는 특별히 절제를 지켜야 한다. 이는 실제 상황에 직면하여 우리의 정신이 조잡해지고 평소의 조심성을 빼앗겨 마귀에게 이리저리 시달리고 도망치는 신세가 되지 않기 위해서다.

42. 유혹을 받을 때 당장 기도를 드리려 하지 말라. 우선 당신을 괴롭히는 자를 향해 몇 마디 화내는 말을 내뱉으라. 왜냐하면 당신의 영혼이 미혹된 생각에 영향을 받아 행동할 때 기도가 순수해질 수 없기 때문이다. 당신이

적들에게 화를 내어 말을 건넴으로써 당신은 적들의 계교를 혼란스럽게 하여 그들을 파괴할 것이다. 이것은 더욱 고상한 생각에 있어서도 분노가 담당할 수 있는 원래의 결과이다.

43. 우리는 다양한 종류의 마귀를 인식하고 그들이 수행하는 다양한 활동을 이해하려고 주의를 기울여야 한다.

우리는 사람을 유혹하는 생각에 근거해 그것을 알게 되며, 그런 유혹적인 생각은 마귀가 묘사하는 대상을 통해 알려진다. 그리하여 어떤 마귀가 덜 빈번하더라도 더 난폭하게 공격하는지, 어떤 마귀가 더 빈번하지만 더 가볍게 공격하는지, 또한 어떤 마귀가 갑작스레 뛰어들어 신성을 모독하려고 우리 정신을 잡아채어 가는지를 알 수 있다.

유혹하는 생각이 활약하기 시작할 때, 또한 우리가 온당한 상태에서 너무 멀리 내몰리기 전에 어떤 마귀가 접근하는지를 지적하고 그들에게 큰 소리로 말할 수 있으려면 이러한 것들을 알아야 한다. 그리하여 우리는 하나님의 도우심으로 쉽사리 진보를 이루어 마귀를 깜짝 놀라게 하여 우리로부터 도망치게 한다.

44. 마귀는 수도사들과의 전투에서 무기력하게 될 때

한동안 뒤로 물러나 수도사들이 그사이에 어떤 덕행에 소홀한지를 주의 깊게 살핀다. 그리하여 어느 순간 갑작스레 돌진해 공격하면서 가련한 영혼을 갈기갈기 찢어 놓는다.

45. 사악한 마귀는 도움을 얻으려고 훨씬 더 악한 마귀를 끌어들인다. 그들은 작전 계획을 세울 때는 서로 대립하지만 영혼을 파괴하는 것을 추구한다는 점에서는 의견을 같이한다.

46. 우리는 하나님을 거스르는 신성모독과 금지된 환상, 즉 내가 글로 담으려는 시도조차 하지 않는 그러한 환상으로 우리 영혼을 사로잡아 끌어당기는 마귀에게 교란당하지 않아야 한다. 그런 것이 우리의 순수한 열심을 방해하지 않도록 해야 한다. 실로 주님께서는 "사람들의 속마음을 아신다"(행 1:24)고 하셨다. 또한 우리가 세속 생활을 영위할 때에도 그런 광기 어린 죄를 저지르지 않았다는 것을 아신다. 마귀의 목적은 우리가 기도를 내팽개쳐서 우리 하나님이신 주님 앞에 서지 못하게 하고, 그분을 거스르는 우리의 생각 때문에 감히 그분을 향해 우리의 두 손을 들어 올리지 못하게 하는 것이다.

47. 영혼에 영향을 미치는 정욕의 표식은 우리가 내뱉는 말이나 동작이다. 마음의 적들은 이러한 표징들을 통

해 우리가 담고 있는 그들의 유혹하는 생각을 밖으로 표출하는지, 아니면 그것들을 버리고 구원에 관심을 쏟고 있는지를 인식한다. 오직 우리를 만드신 하나님만이 우리 정신을 직접 아는 분이시다. 그분만이 우리 마음에 숨겨진 것을 알기 위해 어떤 표식도 필요치 않으신다.

48. 마귀는 세상 사람들에 대해서는 물질적 수단을 통해 싸우기를 좋아한다. 그러나 수도사들에 대해서는 우선 유혹하는 생각을 매개체로 삼아 공격하기를 좋아한다. 왜냐하면 수도사들은 사막에 살기 때문에 물질을 갖고 있지 않기 때문이다. 행위보다 품고 있는 생각으로 더 쉽게 죄를 짓기 때문에 그에 상응하여 내적 전쟁은 물질 때문에 일어나는 전쟁보다 훨씬 더 치열하다. 우리 정신이 쉽사리 움직여 죄를 짓게 하는 환상을 만날 때 제어하기 어렵기 때문이다.

49. 우리는 온종일 일하고, 언제나 야간기도를 하고, 항상 단식하라는 명령을 받지 않았다. 다만 우리는 쉬지 않고 기도해야 하는 계율을 갖고 있다(살전 5:17). 처음 세 가지는 정욕이 머물고 있는 영혼을 치료한다. 그것들을 실천하려면 우리 몸이 필요한데, 우리 육신은 그런 일을 하기에 선천적으로 너무 나약하다. 그러나 기도는 그 수고를

통해 마음을 강건하고 정결하게 한다. 왜냐하면 마음은 본성상 기도를 위해 만들어졌고, 우리 영혼이 모든 능력을 소유하게 하려고 육체적 활동이 없는 상태에서도 마귀와 싸우는 것은 마음의 본질적 특성이기 때문이다.

50. 만약 어느 수도자가 사나운 마귀들을 겪어보고 그들의 술책을 파악하기 원한다면 자신을 유혹하는 생각을 관찰하라. 그것들이 격렬해지고 줄어드는 것, 그것들의 상호 관련성, 유혹이 닥치는 순간들, 그리고 각기 다른 마귀가 무엇을 일으키는지, 이 마귀에 이어 어떤 다른 마귀가 공격하는지, 이 마귀는 어떤 마귀를 뒤따르지 않는지 등을 기록해야 한다.

그런 다음 이런 것들이 담고 있는 내적인 의미를 그리스도 안에서 찾으려고 애써야 한다. 마귀는 어둠 속에서 올곧은 마음을 공격하려 하므로 보다 위대한 영적 지식으로 금욕생활에 다가가려는 사람을 싫어한다.

51. 당신은 그러한 관찰로 마귀들 가운데서도 가장 교활한 두 마귀를 발견하게 될 것이다. 그들은 매우 빨라 정신의 모든 움직임을 거의 다 따라잡는다. 두 악마 중 하나는 성적 유혹이라는 마귀이며 다른 하나는 하나님을 모독하도록 우리를 억지로 끌고 가는 마귀이다.

두 번째 것은 그리 오래 지속되지 않는 한편, 첫 번째 것은 만약 그것이 우리 생각을 정욕으로 휘젓지 않는다면 하나님에 대한 우리의 관상을 방해하지는 않을 것이다.

52. 육신을 영혼에서 분리하는 것은 오직 그 둘을 결합했던 분에게 속한 일이다. 그러나 덕을 추구하는 사람이라면 영혼을 육신에서 분리할 수 있다. 이러한 세상에서 물러나는 삶(fuga mundi)은 사막의 성자들이 '죽음에 대한 관상', 또는 '육신에서 벗어남'이라 불러왔다.

53. 지나칠 정도로 자신의 육체를 소중히 여기고 욕망을 만족시키려고 육체에 관한 생각을 취하는 사람은 육체가 아닌 자기 자신을 책망해야 한다. 육체를 수련해 영혼의 아파테이아에 도달한 사람과 존재들에 대한 명상에 어느 정도 열정적인 노력을 기울이는 사람은 창조주의 은혜를 깨닫기 때문이다.

## 수면과 꿈을 통해 일어나는 일

54. 마귀는 자는 동안 환상을 일으켜 우리 영혼이 욕망하는 부분을 공격한다. 친구들과의 만남, 가족 잔치, 춤추는 여자들, 즐거움을 주는 그 밖의 다른 것들을 보여 준다. 우리가 그 모든 것 앞에 모습을 드러내려고 서두르는 것이

보일 때 우리는 우리의 영혼이 욕망하는 그 부분에 대해 병을 앓으며 정욕이 우리 안에서 우세하다는 것을 안다.

또한 꿈에서 마귀가 우리에게 벼랑을 따라 걷도록 강요하거나 무장한 사람과 육식 동물을 데려와 우리의 성마른 부분을 교란할 때, 우리가 겁을 잔뜩 먹어 그런 짐승들이나 사람들에 쫓겨 도망칠 때, 우리는 우리의 성마른 부분을 각별하게 돌봐야 한다. 동시에 우리는 야간기도 시간에 그리스도께 요청하면서 앞서 언급된 치료책(15, 20, 38장 참조)을 사용해야 한다.

55. 수면 중 육체가 자연스럽게 만들어내는 활동을 수반한 정신적 이미지들이 일어나지 않는다면 그것은 수도사의 영혼이 어느 정도 건강하다는 것을 보여 준다. 그러나 성적인 이미지가 형성된다는 것은 마음이 앓고 있다는 증거다. 어렴풋한 이미지는 과거의 정욕을 의미하고 뚜렷한 이미지는 현재 육체의 상처를 보여 주는 것으로 간주할 수 있다.

56. 낮에는 유혹하는 생각으로, 밤에는 꿈으로 아파테이아의 표지를 인식할 수 있다. 아파테이아란 우리가 영적 건강이라고 일컫는 것이며, 그것의 자양분은 지식이다. 우리는 오직 아파테이아를 수단으로 해서 거룩한 능

력과 하나 될 수 있다. 우리가 영적인 존재와 하나 되는 것은 그들과 우리 안에 있는 유사한 특성 때문에 자연스럽게 일어난다.

## 아파테이아에 접근하는 상태

57. 영혼에는 두 가지 평화로운 상태가 있다. 첫째는 본래의 근원으로부터 솟아나고, 다른 하나는 마귀가 물러날 때 생긴다. 첫 번째 상태에서 다음과 같은 것이 뒤따른다. 양심의 가책, 눈물, 하나님을 향한 무한한 갈망, 우리에게 주어진 일에 대한 헤아릴 수 없는 열심을 동반하는 겸손.

두 번째 상태에서는 교만과 함께 허영이 일어난다. 이들은 다른 마귀들이 도망칠 때 수도사를 사로잡는다. 첫 번째 평화의 상태에서 스스로 잘 지키는 사람은 마귀의 공격을 훨씬 더 예리하게 알아차릴 것이다.

58. 허영이라는 마귀는 성적 불순함의 마귀를 반대한다. 따라서 그 둘이 동시에 영혼을 공격하는 것은 불가능하다. 왜냐하면 허영의 마귀가 영예를 약속하는 반면, 성적 불순함의 마귀는 치욕을 예고하기 때문이다. 그러므로 그들 중의 하나가 찾아와 너를 억누르면, 네 마음에 반대되는 마귀에 대한 생각을 품으라.

'못으로 못을 뺀다'는 속담처럼 그렇게 할 수 있다면, 너 자신이 아파테이아의 경계에 가까이 와 있다는 것을 알 수 있다. 왜냐하면 네 정신이 사람 안에 있는 생각을 이용해 마귀의 생각을 쫓아낼 정도로 충분히 강하기 때문이다.

나아가 겸손으로 허영에 대한 생각을 물리치고 정결함으로 성적 부도덕함에 대한 생각을 물리치는 힘은 아파테이아의 가장 깊은 경지를 보여 주는 표지이다. 서로 반대되는 모든 악마와 싸울 때 첫 번째 방법을 힘써 실천하라. 그러면 스스로 어떤 욕망이 네게 가장 크게 영향을 끼치는지 알게 될 것이다. 그러나 두 번째 방법으로 적들을 퇴치하는 능력을 얻으려면 모든 힘을 다해 하나님께 간구하라.

59. 영혼이 더 큰 진보를 이룩할수록 더 사악한 적들이 차례로 영혼을 공격한다. 실로 나는 영적 전쟁에서 항상 같은 마귀들이 영혼에 맞서 계속 싸운다고 믿지 않는다. 이것을 가장 잘 이해하는 사람은 바로 그들에게 오는 유혹을 아주 빈틈없이 알아차리는 자들과 마귀들의 연이은 공격을 호되게 치르면서 아파테이아를 얻은 자들이다.

60. 영혼이 실천적 수행을 방해하는 모든 악마를 굴복시킬 때 완전한 아파테이아가 찾아온다. 그러나 영적으로 명상하는 동안 영혼에 대항해 싸우는 특정한 악마의 힘이

존재한다면 아파테이아가 아직 불완전하다는 것을 의미한다.

61. 내적인 삶을 바로 세우지 않는 한 정신은 진보할 수 없고 숭고한 위쪽을 향해 이동할 수 없으며 영적인 존재들의 영역에 들어갈 수 없다. 일반적으로 내적인 문제는 정신이 출발했던 곳으로 다시 돌아가게끔 하기 때문이다.

62. 정신은 덕행과 악행 모두에 의해 가려진다. 덕행은 영혼이 악행을 보는 것을 막고, 악행은 정신이 덕행을 희미하게나마 보는 것을 방해한다.

## 아파테이아를 드러내는 표식에 대하여(63-90)

63. 정신이 흐트러짐 없이 기도하기 시작할 때, 그때부터 영적으로 성마른 부분에 대항해 밤낮으로 모든 영적 전쟁이 시작된다.

64. 아파테이아의 증거는 정신이 자신의 온유한 광채를 지닌 빛을 바라보기 시작하는 것이다. 또한 정신이 잠을 자는 동안 나타나는 광경 앞에서 고요하게 머무는 것이며, 나아가 정신이 사물을 차분하게 바라보는 것이다.

65. 기도 시간에 정신이 세상적인 것을 조금도 마음에 품지 않으면 그 영혼은 건강하다.

66. 하나님의 도우심으로 금욕적인 삶을 성공적으로 마치고 영적 지식에 가까이 다가간 정신은 설령 영혼의 '비이성적인 부분'이 있다 할지라도 그것을 거의 알지 못한다. 왜냐하면 영적 지식이 '비이성적인 부분'을 높은 곳에서 들어 올려 감각적인 사물에서 분리했기 때문이다.

67. 영혼은 사물로 동요되지 않을 때가 아니라 심지어 그것에 대한 기억으로 교란되지 않은 채로 머무를 때 아파테이아를 소유한다.

68. 완벽한 사람은 자제력을 훈련하지 않는다. 아파테이아에 도달한 사람은 인내력을 훈련하지 않는다. 왜냐하면 인내력은 유혹에 약한 사람과 관련되고, 자제력은 불안한 사람과 관련되기 때문이다.

69. 정신이 흐트러지지 않고 드리는 기도는 진정 위대하다. 여전히 더 위대한 것은 정신의 흐트러짐 없이 시편을 노래하는 것이다.

70. 스스로 덕을 세우고 그것으로 온전히 충만한 사람은 율법이나 계명이나 처벌을 더는 기억하지 않는다. 오히려 그는 이처럼 훌륭한 상태가 보여 주는 것을 말하고 행한다.

## 실천적인 준수사항

71. 마귀에 의해 고쳐진 노래는 우리의 욕망을 자극하고 영혼이 수치스러운 공상에 빠지게 한다. 그러나 시편과 찬송가와 영적인 노래는 끓어 오르는 분노를 식히고 욕망을 꺼트려 우리의 정신이 덕을 끊임없이 기억하도록 한다.

72. 씨름하는 사람이 눌러 뭉개거나 짓밟히는 상태에 처하듯이 우리와 씨름하는 마귀가 우리를 눌러 뭉갤 때가 있고 대신에 우리에게 짓밟히기도 한다. 그래서 이렇게 기록되어 있다.

"내가 그들을 쳐서 능히 일어나지 못하게 하리라"(시 18:38), "나의 적들과 나를 짓밟던 이들은 녹초가 되어 나가 떨어졌도다"(시 27:2).

73. 평정은 지혜와 연결되고 전투는 분별력과 연결된다. 싸우지 않으면 지혜를 얻지 못하고, 분별력이 없으면 전쟁을 잘 치를 수 없다. 마귀의 성마름에 맞서 싸우는 것이 분별력의 임무인데, 이는 우리 영혼이 본질에 따라 행동하고 지혜의 길로 나아가도록 준비시킨다.

74. 수도사에게 유혹은 생각의 형태로 솟아나는데 그것은 영혼의 욕망하는 부분에서 나와 정신을 어둡게 한다.

75. 수도사가 특히 경계해야 하는 죄는 유혹하는 생각

이 주는 금지된 쾌락에 동의하는 것이다.

76. 천사는 악이 줄어들 때 기뻐하고 마귀는 덕이 줄어들 때 기뻐한다. 왜냐하면 천사는 자비와 사랑의 심부름꾼이고, 마귀는 분노와 증오의 종이기 때문이다. 천사는 우리를 영적인 관상으로 채우려고 다가오지만, 마귀는 우리 영혼을 수치스러운 공상으로 떨어뜨리려고 접근한다.

77. 덕행은 마귀가 우리를 공격하는 것을 막을 수 없지만, 우리가 그 공격으로 손상되는 것을 막는다.

78. 금욕적인 수행은 영혼의 욕망적인 부분(thumos)을 정화하는 영적인 방법이다.

79. 계명을 지키는 것만으로는 영혼의 능력을 온전히 치유할 수 없다. 그에 상응하는 관상이 정신 안에서 서로 이어져야 한다.

80. 천사가 우리 안에 불어넣는 모든 생각에 저항하는 것은 불가능하다. 그러나 마귀가 불러일으킨 모든 생각을 물리치는 것은 가능하다. 천사에게서 온 생각 다음에 평화로운 상태가 이어지고, 마귀에게서 온 생각 다음에 혼란한 상태가 이어진다.

81. 사랑은 아파테이아의 소산이며 아파테이아는 금욕적 삶의 꽃이다. 금욕적 삶은 계명을 지키는 것으로 생겨

나는데, 이는 하나님을 향한 경외심으로 지켜지고 참된 믿음으로 생겨난다. 믿음이란 심지어 아직 하나님을 믿지 않는 사람에게도 처음부터 존재하는 선이다.

82. 영혼은 육체를 수단으로 작용하면서 병을 앓고 있는 자를 알아차린다. 마찬가지로 정신 또한 자신의 활동을 통해서 자신의 능력을 감지하고, 그 활동을 방해하는 것을 통해 자신의 활동을 치유할 수 있는 계명을 발견한다.

83. 정신이 정욕에 대항하는 전쟁을 치를 때 전쟁의 목적을 명상할 수 없다. 그것은 마치 캄캄한 밤에 싸우는 것과 같다. 그러나 영혼이 아파테이아를 얻을 때 적의 간계를 아주 쉽게 알아차린다.

84. 금욕적 삶의 목적은 사랑이고, 영적 지식의 목적은 하나님에 대한 지식이다. 각각의 경우에서 그 시작은 믿음과 본성적인 관상이다. 영혼의 열망하는 부분을 움켜잡는 마귀는 금욕적 삶을 방해하는 것으로 알려져 있다. 한편 이성적인 부분에 크나큰 고뇌를 일으키는 마귀는 모든 진리의 적이요, 관상의 반대자로 일컬어진다.

85. 육신을 정화하는 것 중에 어떤 것도 깨끗해진 육신 안에 남아있지 않는다. 그러나 덕행은 영혼을 정화하고

영혼이 정결하게 되었을 때 그 안에 머문다.

86. 영혼의 '열망하는 부분'(epithumetikon)이 덕을 갈망하고 '성마른 부분'(thumikon)이 덕을 위해 싸우고, '이성적인 부분'(logistikon)이 스스로 존재들을 관상할 때, 이성적인 영혼은 본성에 따라 활동한다.

87. 금욕적 수행에서 진보를 이루면 정욕이 줄고, 관상에서 진보를 이루면 무지가 줄어든다. 결국 정욕이 완전히 파괴될 것이지만 어떤 사람은 무지 또한 끝날 것이라고 말한다. 반면 다른 사람들은 그렇지 않을 것이라고 한다.

88. 좋은 것이나 나쁜 것은 어떻게 사용되는지에 따라 덕이 될 수도 있고 악이 될 수도 있다. 그것을 어떤 식으로 사용하느냐는 분별력과 관련된다.

89. 우리의 현명한 스승인 나지안주스의 그레고리우스(Gregorius of Nazianzus)에 따르면 이성적인 영혼은 세 부분으로 구성되어 있다. 이성적인 부분에서 생겨나는 덕은 분별력, 이해, 지혜라고 부른다. 열망하는 부분에서 생겨나는 것은 절제, 사랑, 자제력이라 부르고, 성마른 부분에서 생겨나는 것은 용기와 인내라 부른다. 그러나 의는 영혼의 모든 부분에서 생긴다.

분별력의 직무는 반대하는 세력에 맞서 공격을 계획하

고 덕을 수호하고 악에 대항해 준비하고 중립적인 문제를 시대의 요구와 상황에 따라 처리하는 것이다. 이해의 직무는 우리가 목표를 향해 가도록 모든 것을 조화롭게 인도하는 것이다. 지혜의 직무는 물질적 존재와 영적인 존재의 의미(logoi)를 관상하는 것이다.

절제의 직무는 우리 내면에 비이성적인 환상을 불러일으키는 일들을 침착하게 바라보게 하는 것이다. 사랑의 직무는 마귀들이 사람을 더럽히기 위해 아무리 기교를 부리더라도 하나님의 모든 형상이 가능하면 창조된 원래의 모습과 거의 비슷하도록 서로에게 보여 주는 것이다. 자제의 직무는 미각의 모든 즐거움이 쇠퇴하는 기쁨을 누리게 하는 것이다. 적을 두려워하지 않고 고통을 열심히 견디도록 이끄는 것은 용기와 인내의 직무에 속한다.

의는 영혼의 다른 부분 사이에서 일종의 화합과 조화를 만들어내는 역할을 한다.

90. 씨를 뿌리면 곡식단을 열매로 얻고, 덕을 심으면 영적 지식을 얻는다. 씨를 뿌리는 데는 눈물이 동반되듯이 단을 거둬들이는 데는 기쁨이 따른다(시 126:5).

# 거룩한 수도사들의 금언들(91-100)

91. 우리보다 앞서 수행의 길을 갔던 수도사들의 곧은 방식에 관해 부지런히 알아보고 그것들을 참고해 우리 자신을 바로잡는 것 또한 필수적이다. 우리는 그들의 고귀한 말과 행위를 수없이 발견하기 때문이다.

가령, 어느 한 수도사는 다음과 같이 말했다.

"사랑이 깃든 소박하고 일상적인 식사 생활은 수도사를 더욱 빠르게 아파테이아라는 항구로 이끈다."

이 말을 한 수도사는 어느 형제 수도사를 구해주기도 했다. 밤마다 환영에 시달리던 형제에게 그는 금식하는 가운데 아픈 이를 돌보라고 명령하여 그 형제 수도사를 자유롭게 해주었다. 그 수도사가 질문을 받았을 때 다음과 같이 말했다.

"그러한 정욕은 자비가 아닌 어떤 것으로도 꺼지지 않는다."

92. 당대의 어느 현자가 의로운 안토니우스 수도사에게 와서 물었다.

"오, 거룩한 분이시여, 당신은 책을 통해 위로를 받지 않고서도 어떻게 살아갈 수 있습니까?"

안토니우스는 대답했다.

"철학자 선생이여, 나의 책은 존재하는 자연이랍니다.

이 책은 내가 하나님의 말씀을 읽기 원할 때 언제나 그곳에 있답니다."

93. 선택받은 하나님의 사람, 이집트인 마카리우스 수도사가 내게 물었다.

"사람들에 대해 분개하면서 곰곰이 생각할 때 영혼의 기억하는 능력을 망쳐놓는 반면, 마귀에 대해 분개할 때는 멀쩡하게 그대로 있는 까닭은 대체 무엇인가?"

나는 대답을 찾을 수 없어 당황하면서 그 이유를 배우기 위해 오히려 그에게 물었다. 그는 이렇게 말했다.

"첫 번째 경우는 그것이 영혼의 본성에 반대되는 것이기 때문이고 두 번째 경우는 그것이 영혼의 본성에 일치하는 것이기 때문이다."

94. 한번은 내가 하루 중 가장 더운 시간에 거룩한 수도사, 알렉산드리아 사람 마카리우스를 방문하게 되었다. 나는 목이 말라 타는 듯한 갈증을 느껴서 약간의 마실 물을 부탁했다. 그는 이렇게 말했다.

"그 그늘로 만족하라. 바로 이 순간에도 육로나 바다로 여행하는 많은 사람이 있는데 그들은 그늘조차 없이 지내고 있다."

그러고 나서 그는 나와 절제에 대해 대화를 나누면서

이렇게 말했다.

"내 아들아, 용기를 가져라. 나는 이십 년 동안 빵이나 물이나 잠을 결코 내가 원하는 만큼 취해 본 적이 없다. 나는 일정 분량의 빵과 물만 먹었고 약간의 수면도 벽에 기대서 취했다."

95. 어떤 수도사가 자기 아버지가 죽었다는 소식을 들었다. 그는 소식을 전해준 사람에게 이렇게 말했다.

"당신의 불경스러운 말을 그치시오. 내 아버지(하나님)는 영원히 죽지 않습니다."

96. 어떤 수도사 형제가 나이든 수도사에게 물었다.

"고향 집을 방문할 때 어머니와 누이들과 식사하도록 허락해 주시겠습니까?"

그는 다음과 같이 답했다.

"어떤 여인과도 함께 먹지 말아라."

97. 어떤 수도사 형제가 오로지 복음서 사본 하나만을 가지고 있었다. 그런데 그는 굶주린 사람들을 돕기 위해 그것을 팔고 돈을 주었다. 그리고 그는 기억할 만한 말을 남겼다.

"나는 '네가 가진 것을 팔아 가난한 자들에게 주라'(마 19:21 참조)고 가르친 그 책을 팔았습니다."

98. 알렉산드리아 근처 마리아(Maria)라고 불리는 호수의 북쪽에 섬이 하나 있었다. 어떤 수도사가 그곳에 살고 있었는데 그는 영적인 현자 무리에서 가장 뛰어난 사람 중 하나였다. 그는 수도사들이 행하는 모든 것은 다섯 가지 이유, 즉 하나님, 본성, 습관, 필요성, 육체적인 일 중 하나에 의한 것이라 말하곤 했다. 그는 또 "덕은 본성상 단일한 것이지만 영혼의 능력에 따라 다양한 형태를 취한다. 이것은 마치 햇빛이 형태가 없지만 창문을 통과하면서 자연스럽게 형태가 주어지는 것과 같다"고 말했다.

99. 어떤 수도사가 이렇게 말했다.

"나는 화를 내는 핑곗거리를 잘라버리려고 모든 쾌락을 제거한다. 나는 분냄이 언제나 쾌락을 목적으로 싸우고 내 영혼을 어지럽히며 마침내 영적 지식을 쫓아 버린다는 것을 안다."

어떤 나이든 수도사가 말했다.

"사랑은 음식이나 돈을 쌓아두는 법을 모른다."

그 수도사는 또한 이렇게 말했다.

"나는 같은 문제에 있어 마귀들로부터 두 번씩이나 기만을 당하는 것을 알지 못한다."

100. 모든 형제를 똑같이 사랑하는 것은 불가능하다.

그러나 악한 기억과 증오로부터 해방되어 감정에 따라 움직이지 않으면서 모든 형제를 대하는 것은 가능하다.

우리는 사제들을 주님 다음으로 사랑해야 한다. 왜냐하면 그들은 거룩한 성사로 우리를 정결하게 하고 우리를 위해 기도하기 때문이다. 우리는 영적 스승들이 천사들인 양 공경해야 한다. 왜냐하면 우리의 영적 투쟁을 위해 우리를 성별하고 우리가 야수와 같은 귀신에게 뜯길 때 낫게 하는 사람이 바로 그들이기 때문이다.

### 맺음말

나의 사랑하는 아나톨리우스여, 나는 너에게 실천적 수행의 삶이라는 주제에 대해 말해 왔다.

이것은 우리가 성령의 은총을 통해 익어가는 포도 열매들을 애써 조금씩 거두면서 발견해 온 것들이다. 그러나 높이 솟은 공의로운 태양이 우리를 비추고(말 4:2) 포도알들이 완전히 익을 때, 우리는 사람의 마음을 즐겁게 하는 포도주를 마실 것이다. 이 모든 것은 나를 심은 의로운 나지안주스의 그레고리우스와 지금 나에게 물을 주고 있는 거룩한 사막의 성자들의 기도와 중재, 그리고 나를 자라게 하는 우리 주님 예수 그리스도의 능력(고전 3:6~7)에 의한 것이다.

예수 그리스도께 영광과 권세가 영원토록 있을지어다. 아멘.

기도

## 덕

1. 향기로운 향을 준비하려는 사람은 율법에 따라(출 30:34~37) 순수한 유향과 계피와 마노(onyx-stone)와 몰약(myrrh)을 같은 양으로 혼합해야 한다. 이것은 네 가지 주요 덕목을 의미한다. 왜냐하면 그것들이 온전하고 동등하게 존재한다면 마음은 결코 배반을 당하지 않을 것이기 때문이다.

2. 영혼이 완전한 덕으로 정화되면 마음의 태도가 안정되고, 영혼이 열망하는 상태를 얻을 수 있게 준비해 준다.

3. 기도는 하나님과 마음을 주고받는 것이다. 마음이 후퇴하지 않고 주님께 다가가고 중재자도 없이 그분과 소통하려면 어떤 상태가 필요한가?

4. 모세가 땅에서 불타는 떨기나무에 가까이 가려고 했

을 때 자기 발에서 신을 벗을 때까지 붙들려 있었다면(출 3:2~5) 모든 표상과 감각적 인식을 초월하신 분을 보고 소통하기 원하는 당신이 어떻게 욕망에 얽매인 모든 정신적 표상에서 벗어나지 않을 수 있겠는가?

## 눈물

5. 먼저 눈물을 흘리도록 기도하라. 그러면 애통함(penthos)을 통해 당신의 영혼 안에 있는 야생적인 성질을 누그러뜨릴 수 있고, 당신의 죄를 주께 자백하고(시 32:5) 그분으로부터 용서를 얻을 수 있다.

6. 당신의 모든 요청이 이루어지도록 눈물을 사용하라. 왜냐하면 주님께서는 눈물로 드리는 기도를 받으시며 당신으로 대단히 기뻐하시기 때문이다.

7. 기도할 때 샘 같은 눈물을 흘릴지라도 대부분의 사람보다 자신이 우월하다는 자부심을 결코 품지 말라. 당신의 기도가 도움을 받아서 열심히 죄를 고백하고 눈물로 주님과 화해하게 되었기 때문이다. 그러므로 당신의 정욕의 치료제를 정욕으로 바꾸지 말라. 이는 당신에게 이런 은총을 주신 분을 더 노엽게 하지 않기 위해서다.

8. 많은 사람이 자기 죄 때문에 눈물을 흘리지만 눈물의

목적을 잊어버렸다. 그들은 자신의 광기 속에서 길을 잃어버렸다.

9. 확고하게 서서 힘차게 기도하고 당신에게 닥치는 염려와 생각을 제쳐 두라. 왜냐하면 그것들이 당신의 열정을 느슨하게 하려고 당신을 괴롭히고 방해하기 때문이다.

10. 마귀가 당신이 참된 기도에 열중하는 것을 보면 분명히 어떤 필요한 대상에게 정신적 표상을 제시하고, 잠시 후에 이러한 것들에 대한 당신의 기억을 불러일으켜서 마음을 움직여 그것을 추구하게 한다. 그리고 그것을 찾지 못하면 훨씬 슬프고 비참해지게 한다. 그런 다음 기도할 때 마음이 추구하는 것과 그것과 관련된 기억들을 상기시켜 준다. 그래서 이러한 것들에 대한 지식으로 마음이 약해지고 기도의 열매를 잃게 된다.

11. 기도할 때 당신의 마음이 귀머거리와 벙어리가 되도록 노력하라. 그러면 당신은 기도할 수 있을 것이다.

## 화

12. 당신에게 유혹이 닥치거나, 모순 때문에 자극을 받아 복수하려고 분노를 일으키고 어떤 부적절한 말을 할 때마다 당신의 기도와 그에 따른 심판을 기억하라. 그러면 무

질서한 움직임이 즉시 잠잠해질 것이다.

13. 당신에게 잘못한 형제에게 복수하려고 하는 일은 어떤 것이든 기도할 때 걸림돌이 될 것이다.

14. 기도는 온화함의 열매이며 분노로부터의 자유이다.

15. 기도는 기쁨과 감사의 열매이다.

16. 기도는 슬픔과 낙담을 막아준다.

17. "가서 네 소유를 팔아 가난한 자들에게 주라"(마 19:21, 막 10:21) 그리고 "자기 십자가를 지고 자신을 부인하라"(마 16:24, 막 8:34). 그리하면 방해를 받지 않고 기도할 수 있을 것이다.

18. 당신의 기도가 칭찬받기를 원하면 매 순간 자기를 부인하라(눅 9:23). 기도를 위해 온갖 고난을 겪을 때 지혜를 사랑하라.

19. 지혜를 사랑하는 마음으로 어떤 어려움도 견디면 기도할 때 이에 대한 열매를 발견하게 될 것이다.

20. 당신이 마땅히 기도하기를 갈망한다면 어떤 영혼에게도 해를 끼치지 말라. 그렇지 않으면 당신의 달음질이 헛될 것이다(갈 2:2, 빌 2:16).

21. 성경이 말씀하는 대로 "제단 앞에 제물을 두고 먼저

가서 너의 형제와 화해한 후에 와서"(마 5:24) 방해 없이 기도하라. 왜냐하면 분노는 기도하는 사람의 정신을 어둡게 하고 그의 기도를 모호하게 하기 때문이다.

22. 상처와 원망을 자신 안에 쌓아두고 기도할 수 있다고 생각하는 사람은 물을 길어서 구멍이 가득한 항아리에 넣는 사람과 같다.

23. 당신이 인내하면 항상 기쁨으로 기도하게 될 것이다.

24. 당신이 마땅히 기도하고 있을 때 분노할 일이 떠올라서 화를 내는 것이 타당하다고 생각할지 모른다. 하지만 이웃에 대한 타당한 화 같은 것은 절대 있을 수 없다. 당신이 살펴보면(마 7:7) 분노하지 않고도 문제를 적절하게 해결할 수 있다는 것을 알게 될 것이다. 모든 수단을 활용해 분노가 폭발하는 것을 피하라.

25. 당신이 다른 사람을 치료할 수 있다고 생각하면서 당신 자신이 불치병에 걸리고 자신의 기도에 방해물이 되지 않도록 주의하라.

26. 당신이 분노하는 것을 참으면 구원을 받고 스스로 신중해져서 기도하는 자들 가운데 속하게 될 것이다.

27. 분노에 맞서 무장하면 결코 욕망에 굴복하지 않을 것이다. 왜냐하면 욕망은 분노의 재료를 제공하고, 차례로

지적인 눈을 괴롭게 하고, 기도의 상태를 망치기 때문이다.

## 기도 연습

28. 기도의 외적인 형식만 취하지 말고 큰 경외심을 가지고 영적인 기도를 의식적으로 인식하는 쪽으로 당신의 마음을 돌리라.

29. 때로는 기도를 시작하자마자 잘 될 때가 있다. 그러나 다른 때에는 열심히 노력한 뒤에도 목표를 달성하지 못할 때가 있다. 이는 당신이 더 많은 것을 추구하도록 하기 위해서이다. 당신이 그것을 성취하면 그것을 약탈당하지 않게 안전하게 지켜야 한다.

30. 천사가 우리와 함께 있을 때 우리를 괴롭히던 모든 생각은 즉시 옆으로 물러난다. 그리고 마음이 대단히 편안해져서 건전하게 기도하게 된다. 그러나 때때로 일상적인 전투를 치를 때 다양한 욕망에 사로잡혀 눈을 들 수도 없는 상태로 계속 싸우게 된다. 그럼에도 영혼이 더 구하면 찾아낼 것이요, 크게 두드리면 문이 열릴 것이다(마 7:8).

31. 당신 자신의 소원이 이루어지도록 기도하지 말라. 왜냐하면 그것이 반드시 하나님의 뜻과 일치하는 것은 아

니기 때문이다. 대신에 가르침을 받은 대로 "아버지의 뜻이 내 안에서 이루어지이다"(마 6:10, 24:2, 마 26:39)라고 기도하라. 범사에 그분의 뜻이 이루어지도록 간구하라. 하나님은 당신의 영혼에 선하고 유익한 것을 원하신다. 그러나 당신은 반드시 이런 것을 찾고 있지는 않다.

32. 나는 종종 기도할 때 내가 좋다고 생각하는 것을 구했으며 그것을 계속해서 요청했다. 하나님의 뜻을 합리적이지 않게 강요하고 하나님께서 내게 유익한 것을 마련하시는 데도 그분에게 맡기지 않았다(고전 10:23). 그러나 결국 내가 요청한 것을 받았을 때, 나는 그분의 뜻이 이루어지도록 구하지 않았기 때문에 나 자신에게 매우 화를 냈다. 왜냐하면 그것이 내 생각대로 되지 않았기 때문이다.

33. 하나님 외에 무슨 소용이 있겠는가(막 10:18). 그러므로 우리의 모든 것을 그분에게 돌려드리자. 그러면 모든 것이 우리에게 좋게 될 것이다. 왜냐하면 선하신 분은 좋은 선물을 주는 분이시기 때문이다(약 1:17).

34. 당신이 구하는 것을 하나님께 즉시 받지 못하더라도 근심하지 말라. 당신이 기도에 인내하는 것에 대한 상으로 그분께서 더 큰 은총을 베풀기 원하시기 때문이다(롬 12:12). 하나님과 대화하고 그분과 친교를 이루는 것보다

더 고상한 것이 어디 있겠는가? 산만하지 않은 기도는 마음의 가장 높은 지성의 활동이다.

35. 기도는 마음이 하나님을 향해 올라가는 것이다.

36. 기도를 실천하기 원한다면 모든 것을 완전히 버리라. 그러면 모든 것을 상속받을 수 있다(눅 14:33).

37. 첫째로 정욕으로부터 정결해지도록 기도하라. 둘째로 무지와 망각에서 벗어나고, 셋째로 온갖 유혹(마 6:13)과 유기에서 벗어나도록 기도하라.

38. 기도할 때 오직 의와 하나님의 나라, 즉 덕과 참된 영적 지식을 구하라. 그러면 다른 모든 것을 더하실 것이다(마 6:33).

39. 당신 자신의 정결함만을 위해 기도하는 것이 아니라 모든 사람을 위해 기도하여 천사들의 길을 본받는 것이 옳다.

40. 당신이 기도할 때 진정으로 하나님 앞에 섰는지를 살펴보라. 혹은 당신이 사람의 칭송에 압도되어 기도의 표시를 겉치레로 삼아 이를 좇는지 살펴보라(마 23:5).

41. 당신이 형제들과 함께 기도하든지 또는 홀로 기도하든지 습관이 아닌 지각을 가지고 기도하기에 힘쓰라.

42. 지각이 있는 기도는 양심의 가책으로 물들어 있는 공손한 내적 태도를 특징으로 한다. 이러한 기도는 조용히 신음하면서 정말로 자신의 죄를 인정할 때 느끼는 것과 같은 깊은 슬픔을 담고 있다.

43. 만약 기도할 때 마음이 여전히 방황한다면 기도하는 자가 수도사라는 사실을 아직 깨닫지 못한 것이다. 이러한 자는 여전히 장막의 바깥 부분을 장식하는 세속적인 사람이다.

44. 기도할 때 정욕이 드러나지 않도록 기억을 강력하게 지키라. 왜냐하면 기도할 때 마음은 기억에 의해 약탈을 당하는 강력한 본능적 경향을 갖고 있기 때문이다. 오히려 기억은 당신이 하나님 앞에 있다는 것을 아는 쪽으로 나아가게 한다.

45. 당신이 기도할 때 기억은 과거의 사물들에 대한 환상이나 최근의 걱정, 또는 당신에게 상처를 입힌 자의 얼굴을 상기시킨다.

### 위험과 악마

46. 마귀는 기도하는 사람을 매우 시기하고 그의 목적을 좌절시키려고 모든 수단을 동원한다. 마귀는 기억으로 사

물에 대한 정신적 표상을 움직이게 하고 육체를 통해 온갖 정욕을 끊임없이 방출한다. 그리하여 마귀는 기도하는 사람이 하나님을 향해 출발하는 것과 그의 훌륭한 길을 방해할 수 있다(고후 5:8~9).

47. 가장 사악한 마귀는 여러 번 시도해도 열심 있는 사람의 기도를 방해할 수 없을 때 잠시 뒤로 물러났다가 그가 기도를 마친 후에 복수한다. 마귀는 분노로 그를 자극해 그 안에 형성된 훌륭한 상태를 없애 버린다. 또한 그가 무분별한 쾌락에 빠지게 하고 그 마음을 조롱한다.

48. 기도한 후에는 마땅히 하지 말아야 할 일을 조심하고 담대하게 서서 당신의 열매를 지키라. 왜냐하면 "그것을 행하고 지키라"(창 2:15)고 말했듯이 당신이 처음부터 이 일을 하도록 정해졌기 때문이다. 그러므로 일한 후에는 당신이 수고한 것을 소홀이 방치하지 말라. 그렇지 않으면 기도로부터 아무 유익도 얻지 못할 것이다.

49. 우리와 더러운 마귀들 사이에 벌어지는 모든 싸움은 다름 아닌 영적인 기도에 대한 것이다. 왜냐하면 기도는 마귀에게 극도로 공격적이고 불쾌한 것이지만 우리에게는 구원을 주고 매우 즐거운 일이기 때문이다.

50. 마귀는 왜 우리 속에 탐식, 음행, 탐욕, 화, 분개, 다

른 정욕을 일으키는가? 그것들로 마음이 완악해져서 마땅히 해야 하는 대로 기도하지 못하게 하기 위해서다. 왜냐하면 불합리한 부분에서 정욕이 일어나면 그것이 이성적으로 움직여 하나님의 말씀을 추구하는 것을 허락하지 않기 때문이다.

## 참된 기도의 전선

51. 우리는 창조된 존재의 내적인 의미를 성취하려고 덕을 추구한다. 우리는 피조물을 창조하신 주께 도달하기 위해 피조물이 지닌 내적인 의미를 추구한다. 하나님이 자신을 드러내시는 곳은 바로 기도 안에서이다.

52. 기도의 상태란 '동요하지 않는 습관', 즉 아파테이아(apatheia)이다. 아파테이아는 지혜를 사랑하고 진실로 승화된 영혼을 가장 강렬한 사랑으로 지성적인 실재의 단계까지 끌어 올린다.

53. 진리로 기도하고자 하는 사람은 성마르고 정욕에 굶주린 부분을 다스려야 할 뿐만 아니라 정욕에 얽매여 있는 정신적인 표상을 초월해야 한다.

54. 하나님을 사랑하는 사람은 아버지와 그러하듯이 그분과 항상 교통하며, 정욕에 얽매여 있는 어떠한 정신적

표상도 멀리한다.

55. 아파테이아에 이른 사람이라고 해서 참된 기도를 찾은 것은 아니다. 왜냐하면 그가 단순한 지성에 빠져서 그것이 제공하는 정보로 주의가 산만해지거나 하나님에게서 멀어질 수 있기 때문이다.

56. 심지어 마음이 사물에 대한 단순한 생각과 연관되어 있지 않다고 해서 기도의 자리에 도착한 것은 아니다. 왜냐하면 그것은 사물들을 관조하면서 머물러 있을 수도 있고, 사물 자체의 내적 이치를 묵상하면서 시간을 낭비할 수도 있기 때문이다. 사물이 지닌 이런 개념이 아무리 단순하더라도 실제로 존재하는 사물을 고려하는 한 그 마음에 특정한 형태를 남기고 마음이 하나님에게서 멀리 떨어지게 할 수 있다.

57. 마음이 물질적 본성을 관조하는 것을 초월했을지라도 아직 하나님이 계신 완전한 곳을 본 것은 아니다. 왜냐하면 마음이 지성적인 존재에 관상으로 연관되고 사물들의 다수성에 참여할 수 있기 때문이다.

## 기도

58. 당신이 기도하기 원한다면 '기도하는 자에게 기도를

부여하시는'(왕상 2:9) 하나님이 필요하다. 그러므로 "당신의 이름이 거룩히 여김을 받으시오며 나라가 임하시오며"(마 6:9~10)라고 말씀하시는 그분, 즉 성령님과 하나님의 독생자를 부르라. 왜냐하면 독생자께서 "아버지께 영과 진리로 예배를 드려야 한다"고 가르치셨기 때문이다(요 4:23~24).

59. "영과 진리로"(요 4:23~24) 기도하는 사람은 더이상 피조물에 근거해 창조주를 공경하지 않고 창조주 자신 때문에 그분을 찬양한다.

60. 만약 당신이 신학자라면 진실하게 기도할 것이다. 만약 당신이 진실하게 기도한다면 당신은 신학자가 될 것이다.

61. 당신의 마음이 하나님을 향한 큰 갈망 때문에 육신에서 점차 물러나고 감각이나 기억이나 기질에서 파생되는 모든 정신적 표상을 버려두고 경외감과 기쁨으로 가득 차면, 기도의 최전선에 가까이 있다는 사실을 기억하라.

62. 성령께서는 우리의 연약함을 불쌍히 여기셔서(롬 8:26) 우리가 불결한 상태에 있더라도 우리를 찾아오신다. 성령님은 진리에 대한 사랑으로 기도하는 마음을 발견하기만 하시면, 그 마음으로 들어가서 그것을 둘러싸고 있

는 생각이나 정신적인 표상 전체에 들어있는 모든 것을 전멸시키시며 영적인 기도에 대한 사랑을 촉구하신다.

63. 다른 사람들은 육체 안의 변화를 통해 생각이나 정신적인 표상이나 고려 사항들을 마음 안에 주입하지만 하나님은 반대로 행하신다. 그분은 마음을 직접 방문하셔서 자신이 원하시는 것에 대한 지식을 마음 안에 소개하시고 마음을 통해 육체의 무절제함을 잠재우신다.

64. 진실한 기도를 사랑하지만 분노나 원한을 품는 사람은 누구든지 광기를 피할 수 없다. 왜냐하면 그런 사람은 예리하게 보는 것을 원하지만 자신의 눈에 해를 가하는 자와 같기 때문이다.

65. 기도를 갈망한다면 기도에 반대되는 어떤 것도 하지 말라. 그러면 하나님께서 가까이 오셔서 당신과 동행하실 것이다.

## 거룩한 것을 생각하기

66. 기도할 때 당신 안에 하나님에 대한 이미지를 만들지 말고 당신의 마음이 어떠한 형상으로도 감동을 받지 않도록 하라. 영적인 존재에 물질적이지 않은 방식으로 다가가라. 그러면 당신은 깨달음에 도달하게 될 것이다.

67. 당신의 대적자들이 놓은 올가미를 조심하라. 왜냐하면 당신이 순수하고 평온한 기도를 수행하고 있을 때 대적들이 갑자기 당신 앞에 몇몇 이상하고 낯선 형상을 놓아두어 경솔하게 신성을 제한시키려는 생각으로 당신을 유혹하기 때문이다. 대적자들은 하나님이 양적인 수치로 표현되는 어떤 것이라는 설명을 갑작스레 보여 주면서 설득하려 한다. 하지만, 하나님은 양으로 표현될 수 없고 형태도 없으시다.

68. 질투하는 마귀는 기도할 때 기억을 통해 마음을 움직일 수 없을 때마다 육체의 기질을 강요해 마음속에 어떤 이상한 환상을 일으키고 그것에 형태를 부여한다. 정신적인 표상과 결합하는데 익숙해진 마음은 이에 쉽사리 복종하게 되고, 그것이 영적이고 형태가 없는 지식을 향해 열렬히 나아갈 때 연기를 빛으로 착각하도록 기만당할 수 있다.

69. 깨어(합 2:1) 기도하는 동안 당신의 마음이 정신적인 표상들로부터 자유로워져서 적절한 평온 속에 굳건히 설 수 있도록 하라. 그러면 무지한 자들을 불쌍히 여기시는 분이 당신을 찾아오실 것이며, 기도라는 가장 영광스러운 선물을 받게 될 것이다.

70. 당신이 물질적인 일에 얽매이고(딤후 2:4) 걱정으로 끊임없이 동요하는 동안에는 순수한 기도를 할 수 없다. 왜냐하면 기도는 정신적인 표상들을 제쳐두는 것이기 때문이다.

71. 묶인 채로 달리는 것이 불가능하듯 욕망의 종이 된 마음은 영적인 기도의 자리를 볼 수 없다. 왜냐하면 마음이 격렬한 정신적 표상에 끌려가고 뱅뱅 돌아다니면서 안정된 상태에 도달할 수 없기 때문이다.

72. 마음이 마침내 정욕에서 벗어난 순수한 기도에 도달하면, 마귀는 더이상 마음을 왼쪽에서 공격하지 않고 오른쪽에서 공격한다. 마귀는 감각과 관련된 어떤 형태로 하나님에 대한 개념을 마음에 제시한다. 그래서 마음은 기도의 목표를 완벽하게 달성했다고 생각한다.

73. 내가 생각하기에, 방금 말한 마귀는 마음을 둘러싸고 있는 빛을 자신이 원하는 대로 바꾼다. 마귀는 이런 식으로 허영의 욕망을 자극한다. 그렇게 하여 아무도 모르게 신성하고 본질적인 지식에 하나의 형태를 부여하는 생각을 연이어 일어나게 한다. 마음은 육체의 불결한 정욕으로 괴로움을 당하지 않고 겉으로 보기에 순수한 성향을 갖고 있기 때문에 그 안에 더는 반대되는 활동이 없다고

생각한다. 그래서 이전에 말했듯이, 마귀는 매우 교활하게 뇌를 통해 그것과 관련된 빛을 바꾸고 마음에 하나의 형태를 제공한다. 마귀의 영향으로 마음 안에서 일어나는 징후를 거룩한 것이라 간주한다.

## 천사들의 직무

74. 하나님의 천사가 나타날 때 그는 단 한마디 말씀으로 우리 안의 갈등을 일으키는 모든 세력을 종식하시고 마음의 빛을 오류가 없는 활동으로 옮긴다.

75. 천사가 성도들이 기도 가운데 바치는 향을 가지러 왔다는 계시록의 말은(계 8:3) 이런 은총이 천사를 통해 역사한다는 것이다. 왜냐하면 천사는 참된 기도에 대한 지식을 심어주어 그 후에 마음이 모든 혼란과 무력함과 태만함에서 벗어나 서 있게 하려는 것이기 때문이다.

76. 이십 사 장로가 바쳤던 향이 담긴 대접들은 성도들의 기도라고 일컬어진다(계 5:8).

77. 우리는 그 대접을 하나님과의 친교 또는 기도가 '영과 진리의' 활동이 되는 완전하고 영적인 사랑으로 이해해야 한다(요 4:23~24).

78. 기도할 때 당신의 죄 때문에 눈물을 흘릴 필요가 없

다고 느낀다면 당신이 항상 하나님 안에 있어야 할 때 하나님에게서 얼마나 멀리 떨어져 있었는지 생각해 보라. 그러면 당신은 더욱 뜨겁게 눈물을 흘리게 될 것이다.

79. 진실로 자신의 한계를 깨달으면 이사야처럼 죄책감을 느끼고 스스로 비참하게 여길 것이다. 왜냐하면 부정하고 대적자들 사이에 있으면서 감히 만군의 주 앞에 나아오려 했기 때문이다(사 6:5).

80. 만약 당신이 참된 기도를 드린다면 큰 확신을 얻게 될 것이며 천사들이 다니엘에게 했던 것처럼(단 2:19) 그들이 당신을 호위할 것이다. 그리고 당신에게 존재의 이유를 밝혀 줄 것이다.

81. 거룩한 천사들이 기도로 우리를 격려하고 우리와 함께 서서 우리를 대신해 기뻐하고 기도한다는 것을 알라. 그때 부주의하여 갈등을 일으키는 생각을 받아들인다면 천사들을 크게 괴롭게 할 것이다. 왜냐하면 그들은 우리를 위해 매우 애쓰지만 우리가 자신을 위해 하나님께 기꺼이 간구하지 않기 때문이다. 오히려 우리는 천사들의 직무를 멸시하고 그들의 주와 하나님을 버리고 부정한 귀신들에게 호응한다.

## 시편

82. 온당하게 염려하지 말고 기도하라. 지혜(시 47:7)와 화합하여 시편을 노래하라. 그리하면 높이 솟아오르는 젊은 독수리같이 될 것이다.

83. 시편은 정욕을 잠재우고 육체의 무절제함을 누그러트린다. 기도는 마음이 적절한 활동을 할 수 있도록 준비시킨다.

84. 기도는 정신의 존엄함에 잘 들어맞는 행위이다. 나아가 정신의 더욱 고상하고 순수한 활동에 더 어울린다.

85. 시편은 다양한 형태의 지혜에 속한다(엡 3:10). 기도는 영적이고 다양한 형태를 지니지 않는 단일한 지식에 대한 서곡이다.

86. 지식은 탁월한 것이다. 왜냐하면 기도와 협력하여 거룩한 지식을 묵상하도록 지적인 능력을 일깨우기 때문이다.

87. 만약 기도나 시편 찬송의 은사를 받지 못했다면 그것을 기다리라. 그러면 받게 될 것이다.

88. 성경은 "예수께서 제자들에게 항상 기도하고 낙담하지 말아야 할 것을 비유를 말씀하셨다"라고 말한다. 그러므로 당신이 기도한 것을 응답받지 못했다고 해서 낙

심하지 말라. 왜냐하면 나중에 받게 될 것이기 때문이다. 그리고 나서 예수님은 계속 비유로 말씀하셨다. "내가 하나님을 두려워하지 않고 사람도 존중하지 않지만 이 여자가 계속 나를 괴롭게 하니 그녀의 원한을 풀어주리라"(눅 18:4~5). 그러므로 하나님께서 밤낮 그분께 부르짖는 자들에게 이와 같이 신속하게 원한을 풀어주실 것이다(눅 18:8). 그러므로 당신은 담대하여 거룩한 기도에 열심으로 힘쓰라.

## 시험

89. 당신의 일이 자신에게 가장 좋아 보이는 대로 이루어지는 데 뜻을 두지 말라. 오히려 하나님을 기쁘시게 하려고 일하라. 그러면 당신은 기도할 때 근심하지 않고 감사하게 될 것이다.

90. 비록 당신이 하나님과 함께 있는 것처럼 보일지라도 음행의 마귀를 경계하라. 왜냐하면 그는 사람을 잘 속이고 매우 거짓되며 질투심이 강하기 때문이다. 마귀는 당신 마음의 움직임과 경계보다 더 날쌘 척하는데, 당신의 마음이 경외심과 두려움으로 하나님 앞에 서 있는 동안에 그것이 그분으로부터 멀어지게 하기 위해서이다.

91. 당신이 기도하는 습관을 기르고 있다면 마귀의 침

입에 대비하고 그들의 채찍을 굳건하게 견디라. 왜냐하면 그들이 들짐승처럼 다가와서 온몸을 학대할 것이기 때문이다.

92. 갑작스레 환상을 보더라도 경험 많은 투사처럼 혼란에 요동하지 않도록 준비하라. 심지어 당신을 향해 칼을 겨누거나 당신의 눈을 향해 돌진하는 빛을 보더라도 놀라지 말라. 당신 보기에 흉하고 피 흘리는 자를 볼지라도, 무슨 일이 있더라도 당신의 영혼이 낙심치 않게 하고 굳게 서서 선한 고백을 하라(딤전 6:12). 그러면 당신의 원수들을 대수롭지 않게 볼 수 있을 것이다(시 117:7).

93. 고통을 견디는 자에게는 언젠가 기쁜 일이 올 것이다. 불쾌한 일들을 겪으면서 인내하는 자는 기쁜 일을 맞이할 것이다.

94. 악한 마귀가 어떤 환영을 통해 당신을 속이지 않도록 조심하라. 오히려 마음을 먹고 기도에 관심을 돌려 하나님께 부르짖어라. 만약 정신적 표상이 하나님에게서 나온다면 그분께서 당신을 깨우쳐 주실 것이다. 그러나 그렇지 않다면 하나님이 속이는 자를 당신으로부터 속히 쫓아내실 것이다. 안심하라. 당신이 하나님 앞에 열렬히 간구한다면 개들이 견디지 못할 것이다. 왜냐하면 마귀는

즉시 눈에 보이지 않게 부지불식간에 하나님의 능력으로 채찍질을 받아 멀리 쫓겨날 것이기 때문이다.

95. 당신은 이런 속임수를 알아차려야 한다. 귀신은 때로 자신들의 대열을 나누고 당신이 어떤 사람에 대항해 도움을 구하는 것처럼 보이면 천사의 형태로 입장해 첫 번째 사람을 몰아낼 것이다. 이는 그들이 진짜 천사라고 생각하도록 속이기 위해서다.

96. 큰 겸손과 용기를 기르라. 그러면 귀신이 주는 모욕이 당신의 영혼에 영향을 미치지 않을 것이다. "어떤 재앙도 너의 장막에 가까이 오지 못하리니 그가 너를 위하여 그의 천사들을 명령하사 너를 지키게 하심이라"(시 91:10~11). 천사들은 모든 적대적인 행위를 보이지 않게 몰아낼 것이다.

97. 순수한 기도를 훈련하는 사람은 마귀에게서 나오는 소음, 충돌하는 소리, 목소리, 고통스러운 비명을 듣게 될 것이다. 그러나 그가 하나님께 "당신이 나와 함께하므로 어떤 악도 두려워하지 않을 것이다"라고 말한다면, 그는 무너지지 않고 자기 생각을 포기하지 않을 것이다.

98. 이러한 유혹이 닥칠 때 짧고 강렬하게 기도하라.

99. 마귀가 공중에서 홀연히 나타나 당신을 심히 놀라

게 하고 정신을 빼앗아 가거나 들짐승처럼 육체를 해하려고 위협하거든 두려워하지 말고 그들의 위협적인 행동에 조금도 염려하지 말라. 마귀는 당신이 그들에게 조금이라도 관심을 기울이는지, 아니면 그들을 완전히 경멸하는지 시험하려고 당신을 놀라게 하는 것이다.

100. 당신이 전능자요 창조자요 우주의 공급자이신 하나님 앞에 기도로 서 있다면 왜 측량할 수 없는 그분을 경외하는 것을 어리석게도 무시하고, 대신에 모기나 바퀴벌레는 두려워하는가? 당신은 모세가 이렇게 말했던 것을 듣지 못했는가? "너는 너의 주 하나님을 경외하라"(신 10:20), "만물이 그분의 능력 앞에서 전율하며 떠느니라"(출 15:16).

101. 빵이 육체를 위한 음식이고 덕이 영혼의 양식이듯이 영적인 기도는 마음을 위한 음식이다.

102. 거룩한 곳에서 기도할 때 바리새인처럼 기도하지 말고 세리처럼 기도하라. 그러면 당신 또한 주님께 의롭게 여김을 받을 것이다(눅 18:10~14).

103. 기도할 때 누군가를 대적하지 않도록 힘쓰라. 그래서 당신이 쌓고 있는 것을 무너트리지 말고 당신의 기도가 가증한 것이 되지 않게 하라.

104. 일만 달란트를 빚진 자가 당신에게 이렇게 가르치게 하라(마 18:24~35). "만약 빚진 자를 용서하지 아니하면 당신도 용서를 받지 못할 것이다." 왜냐하면 "주인이 그를 형무소 관리에게 넘겨주었기 때문이다"(마 18:34).

105. 기도하는 동안에 육체의 필요를 제쳐 두라. 그것은 벼룩, 이, 모기, 파리에 물려 기도의 가장 큰 유익을 잃지 않기 위해서다.

### 아포프테그마타

106. 어떤 성인이 기도하고 있을 때 마귀가 맹렬하게 공격했다. 그가 손을 뻗는 것과 동시에 악마가 사자의 모습으로 변해 앞발을 치켜세우고 그의 발톱을 기도의 경주를 하는 자의 허리 양쪽에 고정했다. 그리고 성인이 그의 손을 내릴 때까지 놓지 않았다. 하지만 그 성인은 습관적인 기도를 마칠 때까지 결코 손을 내리지 않았다.

107. 우리는 또한 작은 요한(John the Small), 참으로 강력한 수도사가 어떤 일을 겪었는지 알고 있다. 그는 물구덩이에서 침묵을 수행하고 있었다. 그때 용의 모습을 한 마귀가 그의 주위에 똬리를 틀고 그의 살덩어리를 씹어서 그것들을 그의 얼굴에 토했다. 하지만 그는 하나님과의

교제 안에서 움직이지 않고 굳건하게 머물러 있었다.

108. 분명 당신은 타베니시(Tabennisi) 수도사들의 삶에 대해 읽었을 것이다. 그곳에는 이렇게 기록되어 있다. 한번은 테오도르(Theodore) 수도원장이 형제들에게 교훈을 가르치고 있었는데 독사 두 마리가 그의 발 앞으로 다가왔다. 하지만 그는 아무런 걱정도 하지 않고 독사에게 아치 형태의 길을 만들어 주고 그가 가르침을 마칠 때까지 독사들을 그 안에 두었다. 그런 다음 그는 그것을 형제들에게 보여 주며 무슨 일이 일어났는지 설명했다.

109. 또 다른 영적인 형제가 기도하는 동안에 독사가 다가와 그의 발을 공격했다. 그러나 그는 습관적인 기도를 마칠 때까지 손을 내리지 않았다. 자기 자신보다 하나님을 더 사랑한 이 사람은 전혀 해를 입지 않았다.

110. 기도할 때 눈을 아래로 고정하라. 육신과 영혼을 부정하고 마음을 따라 살라.

111. 또 다른 성인이 사막에서 열렬히 기도하고 침묵을 수행하고 있었다. 그때 마귀들이 그를 공격했다. 2주 동안이나 그를 공처럼 사용하여 공중으로 던지고 멍석으로 받곤 했다. 그러나 마귀들은 잠시라도 그의 마음이 불같은 기도에서 떨어지게 할 수 없었다.

112. 하나님에 대한 사랑과 기도에 대한 열성이 가득한 사람이 광야에서 걷고 있었다. 그때 두 천사가 그에게 다가와 함께 여행하려고 말을 걸어왔다. 하지만 그 사람은 더 좋은 부분을 잃지 않으려고 전혀 관심을 기울이지 않았다. 왜냐하면 그는 다음과 같은 사도의 말을 기억했기 때문이다. "천사들이나 통치자들이나 권세자들이라도 우리를 하나님의 사랑으로부터 끊을 수 없느니라"(롬 8:35, 38~39).

## 이미지를 갖지 않는 기도

113. 수도사는 참된 기도를 통해 하늘에 계신 아버지의 얼굴 보기를 갈망한다는 점에서 천사들과 동등하다(마 18:10).

114. 기도하는 동안 형상이나 형태나 색깔을 받으려고 절대 애쓰지 말라.

115. 천사나 능력이나 그리스도를 감각적으로 보려고 열망하지 말라. 이는 당신이 완전히 정신이 나가서 늑대를 목자로 삼고 당신의 원수인 귀신을 숭배하지 않기 위해서다.

116. 허영은 마음에 오류를 일으키는 근원이다. 마음이

허영에 의해 움직일 때 신성을 형태와 형상으로 제한하려고 시도한다.

117. 나는 심지어 신참자들에게 해왔던 것을 말할 것이다. "기도하는 동안 형상에 대한 인상으로부터 완전한 자유를 얻은 사람은 복이 있도다."

118. 산만함 없이 기도하면서 하나님을 향한 더 큰 갈망을 얻는 마음은 복이 있도다.

119. 기도하는 동안 영적으로 되어 모든 사물로부터 자유로워지는 마음은 복이 있도다.

120. 기도하는 동안 감각에서 완전히 벗어난 마음은 복이 있도다.

## 사랑

121. 자기 자신을 만물의 찌꺼기로 여기는 수도사는 복이 있도다(고전 4:13).

122. 모든 사람의 구원과 진보를 마치 자신의 것인 양 매우 즐거워하며 기쁨으로 보는 수도사는 복이 있도다.

123. 모든 사람을 하나님 다음가는 하나님으로 간주하는 수도사는 복이 있도다.

124. 수도사는 모든 것에서 분리되어 있으면서 모든 것과 하나 되어 있는 사람이다.

125. 수도사는 항상 각 사람 안에서 자신을 본다고 믿기 때문에 자기 자신을 모든 사람과 하나라고 간주한다.

## 기타 조언들

126. 누구든지 자신의 모든 중요한 지성의 열매를 하나님께 바치는 사람은 기도의 실천을 완전하게 만든다.

127. 당신이 수도사로서 기도하기를 원한다면 어떠한 속임수나 맹세도 피하라. 그렇지 않으면 부적합한 것을 헛된 과시로 만들 수 있다.

128. 당신이 영으로 기도하기를 원한다면 누구에게도 증오심을 갖지 말라. 그러면 기도할 때 당신의 시야를 가리는 구름이 없을 것이다.

129. 육체의 필요를 하나님께 맡기라. 그러면 영의 필요도 그분께 맡기는 것이 분명하게 될 것이다.

130. 만약 당신이 약속을 얻으면 통치권을 얻게 될 것이다. 항상 이것들을 고대하면 현재의 궁핍을 기꺼이 견디게 될 것이다.

131. 궁핍과 고통을 피하지 말라. 왜냐하면 그것들은 기도의 체계를 세우는데 결코 사소한 것들이 아니기 때문이다.

132. 육체의 덕이 영혼(soul)의 덕의 토대가 되게 하고, 영혼의 덕이 영(spirit)의 덕의 토대가 되게 하라. 영혼의 덕은 영적이고 실질적인 지식을 얻기 위한 것이다.

133. 당신이 악한 생각을 거슬러 기도할 때 그런 생각에서 쉽사리 자유롭게 된다면 이런 것이 일어난 이유를 찾아보라. 매복공격을 당하지 않게 하고, 당신의 실수 때문에 자신을 넘겨주지 않도록 하라.

134. 때때로 마귀는 당신에게 어떤 생각을 제안한 다음에 당신이 그것에 반대하여 공개적으로 기도하고 말하도록 촉구한다. 그러고 나서 마귀는 자기 뜻을 철회한다. 그래서 당신은 속아 그런 생각을 극복하기 시작했고 마귀를 겁주어 쫓아 버리고 있다고 추정한다.

135. 당신을 괴롭히는 욕망이나 마귀에 대항해 기도한다면 이렇게 말하는 분을 기억하라. "내가 내 원수들을 쫓아 그들을 따라잡으리라. 그들이 포기할 때까지 나는 돌아가지 않으리라. 내가 그들을 세게 누르면 그들은 자기 자리를 지킬 수 없으리라. 그들이 내 발아래에 엎드려 떨어지리라"(시 18:38~39). 당신은 적절한 때에 이 말을 하고

당신의 대적에 맞서 겸손으로 스스로 무장해야 한다.

136. 덕을 위해 피를 흘리며 싸울 때까지는 그것을 얻었다고 생각하지 마라. 거룩한 사도에 따르면 우리는 책망할 것이 없는 전사처럼 죽을 때까지 죄에 맞서야 한다(히 12:4).

137. 당신이 누군가에게 좋은 일을 하다가 상처를 받을 수도 있고, 그래서 당신이 부당한 대우를 받으면 이웃을 향해 부적절한 것을 말하거나 행하게 된다. 이는 당신이 그렇게 잘 모았던 것을 부당하게 흩어버리는 것이다. 이것이야말로 악한 마귀의 목적이다. 그러므로 우리는 마음을 모아 주의를 기울여야 한다.

138. 마귀의 노예가 되지 않을 법을 고려하면서 항상 마귀의 부담스러운 공격을 받아들이라.

139. 밤에는 악한 마귀가 자신의 계략으로 영적인 스승을 고소해 괴롭게 한다(눅 22:31, 욥 1:6). 그리고 낮에는 사람들을 통해 불리한 상황과 중상과 위험으로 스승을 에워싼다.

140. 마전장이들, 즉 천에 빛을 쬐어 색을 연하게 만드는 사람을 피하지 말라. 왜냐하면 그들이 두들기고 짓밟고 잡아 늘이고 긁는다고 할지라도, 이와 같은 방법으로 당신의 옷은 빛나게 될 것이기 때문이다.

141. 당신이 정욕을 버리지 않고 당신 마음이 덕과 진리에 저항하는 정도만큼, 당신의 가슴에서 향긋한 향기를 찾을 수 없을 것이다.

142. 기도를 실천하기 원하는가? 그러면 여기 땅에 있는 것들을 버리고 항상 하늘의 시민권을 지키라(빌 3:20). 단지 말로만이 아니라 천사의 실천과 거룩한 지식으로 말이다.

143. 당신이 단지 불행한 일을 겪을 때만 재판관이 두렵고 공평하신 분이라는 것을 기억한다면 "두려움 안에서 주님을 섬기고 떨면서 그분 안에서 기뻐하라"(시 2:11)는 말씀을 아직 배우지 못한 것이다. 당신은 심지어 영적인 휴식과 즐거운 잔치 시간에 더욱 경건하고 공경하는 마음으로 하나님을 경배해야 한다는 것을 알아야 한다.

144. 분별력이 있는 사람은 온전히 회개하기 전에 자기 죄에 대한 슬픈 기억과 영원한 불 속에서 받을 정당한 징벌에 대한 생각을 그치지 않는다.

145. 여전히 죄와 분노의 상황에 얽매여 있는 사람, 부끄러움을 모르고 감히 더욱 신성한 것들에 대한 지식을 갈망하거나 심지어 영적인 기도에 착수하는 사람은 머리에 쓴 것을 벗고 기도하는 것이 위험하다는 사도의 책망

을 받게 하라(고전 11:5). 사도 바울은 "그러한 영혼은" 합당한 겸허와 겸손을 옷 입고서 "천사들의 임재 때문에 권세의 표식을 그 머리에 두어야만 한다"(고전 11:10)고 말한다.

146. 정오의 가장 강렬한 빛 속에서 그늘도 없이 계속 태양을 보는 것은 눈병이 있는 사람에게 좋지 않다. 마찬가지로 영과 진리로 드리는 경이롭고 숭고한 기도를 실천(요 4:23~24)하는 것은 정욕에 사로잡힌 정결치 못한 마음에 전혀 소용이 없다. 오히려 그것은 하나님께 불쾌감을 일으킨다.

147. 어떤 것도 부족함이 없고 뇌물로 쉽게 부패하지 않는 분은 예물을 가지고 제단에 나아온 사람이 자신에게 불만을 품은 이웃과 화해하기 전에는 그 제물을 받아들이지 않는다(마 5:23~24). 그러므로 영적인 제단에서 하나님이 받으실만한 향을 바치려면 얼마나 큰 분별력과 신중함이 필요한지 생각해 보라.

148. 장황한 말이나 존경받기를 좋아한다는 것을 내색하지 마라. 그렇지 않으면 죄인들이 당신의 등을 때리는 것이 아니라 얼굴을 때릴 것이다(시 128:3). 그리고 기도할 때 낯선 생각의 유혹에 사로잡혀 그들에게 끌려나가 웃음거리가 될 것이다(집회서 6:4, 18:31).

149. 기도를 구하는데 주의를 기울이면 기도가 나올 것이다. 왜냐하면 어떤 것에 주의를 기울이면 그것이 기도이기 때문이다. 우리는 항상 기도를 진지하게 구해야 한다.

150. 시각이 모든 감각보다 우월하듯이 기도는 모든 덕보다 더욱 숭고하다.

151. 기도는 단순히 그 양이 아니라 질로 칭찬을 받는다. 이것은 성전에 올라간 두 사람에게서 분명히 드러난다(눅 18:10). "기도할 때에 빈말을 쌓지 말라"(마 6:7)는 구절과 다른 구절에서도 이것을 발견할 수 있다.

152. 당신이 육체와의 관계에 주의를 기울이고 당신의 마음이 장막 밖의 즐거움으로 바쁘게 움직이는 한 아직 기도하는 장소를 보지 못한 것이다. 그 복된 길은 당신의 길에서 여전히 멀리 떨어져 있다.

153. 당신이 기도 중에 다른 모든 기쁨을 뛰어넘었다면 진정한 기도를 발견한 것이다.

# 수도사들에 대한 권면

1. 하나님의 상속자들이여, 하나님의 말씀을 들으라. 그리스도의 공동 상속자들이여, 그리스도의 가르침을 받으라. 이는 그 가르침을 너의 자녀들의 마음에 물려주고, 지혜 있는 자들의 말씀을 그들에게 가르치기 위함이다.

2. 좋은 아버지는 아들을 훈련하고, 악한 아버지는 그를 망칠 것이다.

3. 믿음은 사랑의 시작이요, 사랑의 끝은 하나님에 대한 지식이다.

4. 여호와를 경외하는 것이 영혼을 지키고, 올바른 절제가 영혼을 강화한다.

5. 사람의 인내는 소망을 낳고, 건전한 소망은 그를 영화롭게 할 것이다.

6. 자기 육체를 노예로 삼는 사람은 정욕에서 벗어날 것이고, 육체를 먹이는 자는 그로 인해 고통을 당할 것이다.

7. 절제하지 못한 사람의 몸에는 성적으로 불결한 영이 있지만, 절제하는 사람의 영혼에는 순결의 영이 있다.

8. 사랑 가운데 은둔하고 있는 자는 마음을 정화하고, 증오 가운데 은둔하고 있는 자는 마음을 혼란케 한다.

9. 접근할 수 없는 동굴에서 증오를 품고 혼자 거하는 것보다 사랑 안에 거하는 천 명의 사람과 함께 지내는 것이 더 낫다.

10. 상처받은 기억을 자기 영혼에 묶어 두는 사람은 쭉정이 속에 불을 감추고 있는 것과 같다.

11. 몸에 과한 음식을 주지 말라. 그러면 자는 동안 나쁜 환상을 보지 않을 것이다. 왜냐하면 하나의 불꽃이 숲을 태우듯이 배고픔이 수치스러운 환상을 태워버리기 때문이다.

12. 화를 잘 내는 사람은 겁에 질릴 것이고, 온유한 사람에게는 두려움이 없을 것이다.

13. 강한 바람이 구름을 쫓아내듯이 상처에 대한 기억은 마음을 지식으로부터 쫓아낸다.

14. 원수를 위해 기도하는 사람은 상처를 잊어버릴 것이요, 자기 말을 아끼는 자는 그 이웃을 슬프게 하지 않을 것이다.

15. 네 형제가 너를 성나게 하면 그를 네 집으로 인도하라. 그의 집에 가는 것을 주저하지 말고 그와 함께 음식을 먹으라. 이렇게 함으로써 네 영혼을 구원하고 기도할 때 너에게 어떤 걸림돌도 없게 될 것이다.

16. 사랑이 가난 가운데 즐거워하듯이 증오는 부유함으로 기뻐한다.

17. 부유한 자는 지식을 얻지 못할 것이며, 낙타는 바늘구멍으로 들어가지 못할 것이다. 하지만 이 두 가지 중 어떤 것도 주께는 불가능하지 않다.

18. 돈을 사랑하는 사람은 지식을 보지 못하고, 돈을 쌓는 자는 스스로 어두워질 것이다.

19. 여호와께서 겸손한 자의 장막에 진을 치실 것이요, 교만한 자에게는 저주가 가득할 것이다.

20. 하나님의 율법을 범하는 자는 하나님을 모욕하는 것이요, 율법을 지키는 자는 자기를 지으신 분을 영화롭게 하는 것이다.

21. 그리스도를 본받으면 축복을 받을 것이다. 네 영혼이 그리스도의 죽음을 겪으면 그 육체로부터 악이 나오지 않을 것이다. 오히려 네가 벗어나는 것이 별이 벗어나는 것과 같을 것이며(편집자 주: 네가 악과 무지에서 벗어나는 것이 실천적 수행과 지식으로 건너가는 것과 같을 것이며) 너의 부활은 해처럼 빛날 것이다.

22. 율법을 업신여긴 자는 죽는 날에 화가 있을 것이다. 의롭지 못한 자는 악한 때에 멸망할 것이다. 까마귀가 자기 둥지에서 날아가듯 더러운 영혼도 자신의 몸에서 날아간다.

23. 의로운 자의 영혼은 천사들이 인도하고, 악한 자의 영혼은 귀신이 낚아챌 것이다.

24. 악이 들어오는 곳에는 또한 무지가 있다. 그러나 거룩한 자의 마음은 지식으로 가득 차게 될 것이다.

25. 자선을 베풀지 않는 수도사는 스스로 궁핍하게 될 것이지만, 가난한 사람을 먹이는 자는 보화를 유업으로 받을 것이다.

26. 빈곤하나 지식이 있는 것이 부유하나 무지한 것보다 낫다.

27. 면류관은 머리의 장식이요, 하나님에 대한 지식은 마음의 장식이다.

28. 은을 얻지 말고 지식을 얻으라. 많은 재물보다 지혜를 얻으라.

29. 의인은 여호와를 기업으로 받을 것이요, 거룩한 자는 그분으로 배부를 것이다.

30. 가난한 자들에게 자비를 베푸는 사람은 성마름을 무너트리고, 그들을 돌보는 사람은 좋은 것으로 가득 차게 될 것이다.

31. 온유한 마음에는 지혜가 머물고, 영혼은 실천적 삶을 통해 아파테이아의 보좌에 이를 것이다.

32. 사악한 것을 만들어내는 사람은 나쁜 삯을 받을 것이요, 선한 것을 만들어내는 자는 좋은 삯을 받을 것이다.

33. 올가미를 놓는 자는 스스로 그 올가미에 붙잡힐 것이요, 올가미를 숨기는 자는 그것으로 사로잡히게 될 것이다.

34. 성마르고 분개한 수도사보다 온유한 세속적 인간이 낫다.

35. 성마름은 지식을 흩어버리고, 오랜 고통은 지식을 모은다.

36. 바다에 불어오는 강한 남풍처럼 사람의 마음에도 성마름이 있다.

37. 쉬지 않고 기도하는 사람은 유혹에서 벗어나지만, 생각은 부주의한 사람의 마음을 동요시킨다.

38. 포도주를 기뻐하지 말고 고기로 즐거워하지 말라. 이는 너의 육신을 살찌우지 않게 하고, 수치스러운 생각이 네게서 나오지 않게 하려 함이라.

39. "오늘은 축제날이니 포도주를 마시겠다" 하고 "내일은 오순절이니 고기를 먹겠다"고 말하지 말라. 수도사들에게는 자신의 배를 채울 수 있는 축제가 없기 때문이다.

40. 주님의 유월절은 악에서 건너가는 것이요, 주님의 오순절은 영혼의 부활이다.

41. 하나님의 절기는 범죄를 잊어버리는 것이요, 상처를 기억하는 사람에게는 슬픔이 닥칠 것이다.

42. 주님의 오순절은 사랑의 부활이요, 자신의 형제를 미워하는 자는 엄청난 나락으로 떨어질 것이다.

43. 하나님의 절기는 참된 지식이요, 거짓된 지식을 구하는 자는 수치스러운 최후를 맞이할 것이다.

44. 정결한 마음으로 금식하는 것이 부정한 영혼으로 잔치를 즐기는 것보다 낫다.

45. 마음속의 악한 생각을 완전히 멸하는 사람은 자기

자녀를 바위에 메어치는 자와 같다.

46. 졸음에 빠진 수도사는 악에 빠질 것이고, 경계하는 수도사는 참새와 같이 될 것이다.

47. 야간기도 중에 자신을 공허한 이야기에 내맡기지 말고, 영적인 말씀을 거부하지 말라. 주께서 너의 영혼을 감찰하시고 모든 악한 일에 반드시 벌을 내리실 것이다.

48. 잠을 많이 자면 생각이 둔해지고, 유익한 야간기도는 생각을 맑게 다듬어준다.

49. 잠을 많이 자면 유혹이 따르지만, 깨어 있는 사람은 유혹을 피할 것이다.

50. 불이 밀랍을 녹이듯이 유익한 야간기도가 악한 생각을 녹인다.

51. 누워서 자는 사람이 헛된 생각을 하며 밤새 깨어 있는 수도사보다 낫다.

52. 천사 같은 꿈은 마음을 기쁘게 하나, 악마적인 꿈은 마음을 격동시킨다.

53. 회심과 겸손은 영혼을 고양시키고, 긍휼과 온유함은 영혼을 강건케 한다.

54. 모든 것 가운데 너의 출애굽을 기억하고 영원한 심

판을 잊지 말라. 그리하면 너의 영혼이 죄를 범하지 않을 것이다.

55. 만일 게으름의 영이 너를 엄습해 온다면 네 거처를 떠나지 말라. 그리고 그 시간에 유익한 싸움을 회피하지 말라. 이는 은화를 광나게 하는 사람과 같이 너의 마음이 빛나게 될 것이기 때문이다.

56. 게으름의 영은 항상 눈물을 몰아내고, 슬픔의 영은 기도를 산산조각낸다.

57. 재물을 갈망하면 근심으로 분열될 것이요, 재물에 달라붙어 있으면 비통하게 슬퍼할 것이다.

58. 전갈이 너의 가슴 위에 오래 머물지 못하게 하고, 악한 생각이 너의 마음속에 머무르지 않게 하라.

59. 뱀의 새끼를 죽이는 일에 실패하지 말라. 그러면 마음의 악한 생각으로 수고하지 않을 것이다.

60. 불이 은과 금을 정련하듯이 유혹은 수도사의 마음을 시험한다.

61. 교만을 없애고 허영을 멀리하라. 왜냐하면 영광을 얻지 못하는 자는 슬퍼하고, 영광을 얻은 자는 교만하게 될 것이기 때문이다.

62. 네 마음을 교만에 내주지 말고 하나님의 면전에서 "나는 이처럼 강하다"라고 말하지 말라. 그래서 여호와께서 네 영혼을 저버리시지 않게 하고 사악한 마귀가 네 영혼을 비천하게 만들지 못하게 하라. 그렇지 않으면 공중의 원수들이 네 주변에서 소란을 피울 것이요, 두려운 밤이 너를 따를 것이다.

63. 지식은 수도사의 삶의 양태를 지켜준다. 그러나 지식에서 내려온 자는 도둑들 사이로 떨어질 것이다.

64. 영적인 반석에서 강이 흘러나온다. 실천적 수행을 통해 완성된 영혼은 그 강물을 마신다.

65. 택함을 받은 그릇은 정결한 영혼이다. 그러나 부정한 영혼은 괴로움으로 가득 차게 될 것이다.

66. 젖이 없으면 갓난아이가 자랄 수 없고, 아파테이아가 없으면 마음이 고양될 수 없다.

67. 사랑 앞에서는 아파테이아가, 지식 앞에서는 사랑이 나아간다.

68. 지식에는 지혜가 더해지고, 신중함은 아파테이아를 낳는다.

69. 여호와를 경외하면 신중함이 생기고, 그리스도에

대한 믿음이 하나님에 대한 경외감을 부여한다.

70. 불화살은 영혼에 불을 붙이지만, 실천적 수행을 하는 사람은 그 불을 소멸시킨다.

71. 지식은 야단법석과 신성모독을 잠잠하게 하고, 지혜는 간교한 언사를 피하게 한다.

72. 꿀은 달콤하고 벌집은 기쁨을 안겨준다. 그러나 이 둘보다 더 달콤한 것은 하나님을 아는 지식이다.

73. 오, 수도사여 네 아버지의 말씀을 듣고 그분의 훈계를 네 안에서 무력한 것으로 만들지 말라. 아버지가 너를 멀리 보내거든 그분과 함께 가고 생각 속에서 그분과 함께 여행하라. 이렇게 하면 너는 나쁜 생각을 피할 수 있고 사악한 마귀가 너를 이기지 못할 것이다. 만일 그분이 네게 은화를 맡기면 그것을 버리지 말라. 만일 네가 무엇을 얻으면 그것을 거저 드리라.

74. 악한 청지기는 형제의 영혼을 억압할 것이고, 상처를 기억하는 사람은 그들을 불쌍하게 여기지 않을 것이다.

75. 수도원의 물건을 낭비하는 사람은 하나님께 죄를 짓는 것이요, 그것들을 소홀히 다루는 사람은 처벌을 면치 못할 것이다.

76. 불의한 청지기는 부정하게 분배하나, 의로운 청지기는 합당하게 베풀 것이다.

77. 자기 형제를 비방하는 사람은 철저하게 파멸될 것이요, 병든 자를 돌보지 않는 사람은 빛을 보지 못할 것이다.

78. 병든 형제를 돌보는 세상 사람이 자기 이웃을 긍휼히 여기지 않는 은둔 수도사보다 낫다.

79. 어리석은 수도사는 자기 공예 도구를 부주의하게 다루지만, 신중한 수도사는 그것들을 조심해서 다룬다.

80. "오늘은 머물고 내일 나갈 것이다"라고 말하지 말라. 왜냐하면 네가 신중하지 않게 판단했기 때문이다.

81. 방랑 수도사는 거짓된 금언을 터득할 것이고, 자기 아버지와 그릇되게 생각을 나눌 것이다.

82. 자기 의복을 꾸미고 자신의 배를 가득 채우는 사람은 수치스러운 생각을 품는 것이다. 그들은 순결한 자들과 함께 모임에 앉지 않는다.

83. 마을에 들어가거든 여인들에게 가까이 가지 말고 그들과 이야기를 나누며 시간을 보내지 말라. 왜냐하면 네 영혼이 갈고리를 삼킨 사람처럼 끌려갈 것이기 때문이다.

84. 참을성 있는 수도사는 사랑을 받을 것이요, 형제를

노엽게 하는 자는 미움을 받을 것이다.

85. 주님께서는 온유한 수도사를 사랑하시고, 경솔한 수도사는 내치실 것이다.

86. 나태한 수도사는 불평이 많고, 졸음에 취한 자는 두통을 핑계 삼는다.

87. 네 형제가 슬퍼하거든 위로하고 고통을 당하면 그것을 함께 나누라. 그러면 형제의 마음을 즐겁게 하고 하늘에 큰 보화를 쌓을 것이다.

88. 아버지의 말씀에 따라 살기를 포기하는 수도사는 자기를 낳은 분의 백발을 모독하고, 자녀들의 삶을 욕할 것이다. 그러나 주께서는 그를 철저하게 파괴하실 것이다.

89. 핑계를 대는 자는 형제들로부터 끊어질 것이다. 그는 자기 아버지도 고발할 것이다.

90. 아버지의 말씀에 반하는 말에 귀 기울이지 말고 그분을 업신여기는 자의 영혼을 자극하지 말라. 이는 주께서 네 행위로 말미암아 진노하사 네 이름을 생명책에서 지우시지 않게 하기 위해서다.

91. 아버지에게 순종하는 사람은 자기 자신을 사랑하지만, 아버지에게 반대되는 말을 하는 사람은 악에 빠지게

될 것이다.

92. 주님의 계명을 지키는 수도사는 복이 있고, 자기 열조의 말씀을 빈틈없이 지키는 사람은 거룩한 자이다.

93. 나태한 수도사는 큰 해를 입을 것이다. 그가 만일 용기를 얻으면 자신의 수도복마저 던져버릴 것이다.

94. 혀를 조심하는 자는 자신의 길을 바르게 하고, 마음을 지키는 자는 지식으로 가득 찰 것이다.

95. 두말하는 수도사는 형제를 분노하게 하지만, 신실한 자는 평온함을 가져온다.

96. 자신의 절제를 의지하는 자는 넘어질 것이요, 자신을 낮추는 자는 높임을 받을 것이다.

97. 자신을 위장의 여물통에 맡기지 말고 밤잠으로 자신을 채우지 말라. 왜냐하면 이렇게 하여 당신은 청결하게 되고 주의 영이 당신에게 임하실 것이기 때문이다.

98. 시편을 노래하는 사람은 분노가 가라앉고, 참을성 있는 사람은 두려움이 없을 것이다.

99. 온유함에서 지식이 생겨나고, 경솔함에서 무지가 생겨난다.

100. 물이 식물을 자라게 하듯 분노하는 자의 굴욕감이

마음을 고양시킨다.

101. 잔치를 찾아다니는 자의 등불은 꺼질 것이다. 그의 영혼은 어둠을 볼 것이다.

102. 빵은 저울에 달고 물은 양을 재어가면서 마시라. 그러면 음행의 영이 도망갈 것이다.

103. 노인에게 포도주를 주고 병든 자에게 음식을 가져다주라. 이는 그들의 젊은 신체가 쇠약해졌기 때문이다.

104. 너의 형제를 걸려 넘어지게 하지 말고 그의 넘어진 것을 기뻐하지도 말라. 왜냐하면 주께서 너의 마음을 아시고 죽는 날에 너를 넘겨줄 것이기 때문이다.

105. 신중한 수도사는 아파테이아의 상태를 유지할 것이나, 어리석은 자는 악을 꾀할 것이다.

106. 주께서는 사악한 눈을 완전히 멀게 하시고, 순전한 눈을 어둠에서 건져 주실 것이다.

107. 온유한 영혼 안에 있는 순결한 마음은 하늘의 새벽별과 낙원의 종려나무와 같다.

108. 지혜로운 사람은 하나님의 말씀을 탐구할 것이나, 지혜롭지 못한 사람은 그것을 조롱한다.

109. 하나님에 대한 지식을 미워하고 그분을 묵상하기를

거절하는 사람은 자신의 가슴을 창으로 찌르는 사람과 같다.

110. 삼위일체에 대한 지식은 영적인 존재들에 대한 지식보다 낫고, 삼위일체에 대한 묵상은 모든 영원한 세대의 지혜를 능가한다.

111. 노인의 백발은 온유함이요, 그들의 삶은 진리에 대한 지식이다.

112. 온유한 젊은이는 많은 것을 견딘다. 그런데 누가 속 좁은 노인을 감당할 수 있겠는가? 나는 성난 노인이 자기 생애 동안 존귀하게 된 것을 보았지만, 그보다 더 젊은 사람이 노인보다 더 큰 희망을 가진 것을 본다.

113. 세상 사람을 중상하는 자는 처벌을 면치 못할 것이요, 그들을 격노케 한 자는 자기 이름을 욕되게 한다.

114. 주님의 교회를 떠들썩하게 한 자는 불이 완전히 삼킬 것이요, 사제에게 저항하는 자는 땅이 삼켜버릴 것이다.

115. 꿀을 좋아하는 자는 벌집을 먹고, 꿀을 모으는 자는 성령으로 충만하게 될 것이다.

116. 주님을 영화롭게 하라. 그러면 영적인 존재들이 지닌 지혜를 알게 될 것이다. 주님을 섬기라. 그러면 주님께서 영원한 세대의 지혜를 드러내실 것이다.

117. 지식이 없으면 마음이 높은 경지에 오르지 못할 것이요, 물이 없으면 나무가 성장하지 못할 것이다.

118. 그리스도의 몸은 실천적 수행자들의 덕목이요, 그 몸을 먹는 사람은 아파테이아에 이르게 될 것이다.

119. 피조물에 대한 명상은 그리스도의 피에 대한 것이요, 그 피를 마시는 사람은 그것으로 지혜로워진다.

120. 주님의 품은 하나님의 지식을 뜻하고, 그 품에 기대어 안식하는 자는 신학자가 될 것이다.

121. 지식을 가진 자와 실천적 수행을 성취한 자가 서로 만났는데, 그 둘 사이에는 주께서 서 계신다.

122. 사랑을 얻은 사람은 보물을 얻은 것이다. 그는 주님에게 은총을 받았다.

123. 지혜는 마귀의 가르침을 알고, 신중함은 마귀의 간교한 방식을 추적한다.

124. 네 조상이 정한 거룩한 가르침을 제쳐두지 말라. 네가 세례를 받은 때의 믿음을 저버리지 말고, 영적인 인침을 떼지 말라. 그래야 주님께서 네 영혼 안으로 오실 수 있고 악한 날에 너를 보호해 주실 수 있다.

125. 이단자의 가르침은 죽음의 천사를 뜻한다. 그 가

르침을 받아들인 사람은 자기 영혼을 잃는다.

126. 그런즉 아들아, 이제 내 말을 들으라. 무법한 자들의 문에 가까이 가지 말고 그들의 올무에 들어가지 마라. 두렵건대 네가 올무에 빠질까 하노라. 너의 영혼을 거짓 지식에서 멀리하라. 왜냐하면 내가 사실 그들과 종종 이야기를 나누었고, 그들의 어두운 가르침을 추적했고, 그들에게서 독사의 독을 발견했기 때문이다. 그들의 가르침에는 신중함도 없고 지혜도 없도다. 그것을 받아들이는 자는 모두 멸망할 것이요, 그것을 사랑하는 자는 악이 가득할 것이다. 나는 이러한 가르침을 베푸는 아버지들을 보았고 그들과 함께 뒹굴기도 했다. 나는 주님의 원수들을 마주쳤고 마귀가 자신의 가르침을 통해 내게 대적했지만 나는 그들의 말에서 참된 빛을 보지 못했다.

127. 거짓말하는 사람은 하나님이 무너트릴 것이요, 자기 이웃을 속이는 자는 악에 빠지리라.

128. 하나님의 낙원이 채소밭보다 낫고, 주님의 강이 땅을 어둡게 하는 큰 강보다 나으니라.

129. 이집트 현자들이 땅에서 길어 올리는 물보다 천상의 물이 더 믿을 만하다.

130. 수레바퀴에 올라탄 자가 결국 다시 돌아 내려오는

것과 같이 자신의 말을 드높이는 사람은 말로 낮아진다.

131. 주님의 지혜는 마음을 고양하고, 주님의 신중함은 마음을 정화한다.

132. 섭리에 대한 논의는 알기 어렵고, 심판에 대한 명상은 이해하기 힘들다. 그러나 실천적 수행을 하는 사람은 그것들을 알 것이다.

133. 자신을 정화하는 사람은 이해 가능한 본성을 보게 될 것이요, 온유한 수도사는 영적인 존재들의 지혜를 알게 될 것이다.

134. 거룩한 삼위일체를 피조물이라고 말하는 자는 하나님을 모독하는 것이요, 하나님의 그리스도를 부인하는 자는 하나님을 알지 못할 것이다.

135. 세상에 대한 묵상은 마음을 넓히고, 섭리와 심판의 지혜는 마음을 고양시킨다.

136. 영적인 것들에 대한 지식은 마음을 고양하고, 그 마음을 거룩한 삼위일체 앞에 놓아둔다.

137. 주님 안에서 명쾌한 금언들을 주신 이를 기억하고, 기도 시간에 자신의 미천한 영혼을 잊지 말지어다.